# 誰も書かなかった統一教会

有



a pilot of wisdom

目次

## 第2章　政治への接近 



## 第3章　政治への侵食 

「中曾根も福田も、首相にしたのは私」
教団の名称変更の不可解な経緯
中曾根首相も政界工作の標的
「中曾根の野郎が裏切った」──中曾根裁定

# 第4章 統一教会の北朝鮮人脈

金日成生誕80年式典で「文鮮明」の人文字
北朝鮮に経済進出し、国営ホテルを買収
謎の企業体「金剛山国際グループ」
文鮮明教祖の電撃訪朝
金日成に「お兄さんになってください」
「南北統一」の美名に隠された真の目的
入国禁止の文鮮明が超法規的措置で訪日
「金日成に続き、中曾根を屈服させた」
中曾根元首相は文鮮明を称賛

## 第5章　フレイザー委員会報告書

# 主要参考文献

*文中敬称略。本文中の肩書き・組織名は、基本的に当時のものです。

# 序章　韓国の教団本部を歩く

韓国のソウルから車に乗って北東に約60キロ、時間にして約2時間ほど経《た》ったころだ。山あいに目を向けると宮殿のような建物が視野に入ってきた。めざす先は京畿《キョンギ》道《ト》加平《カピョン》にある「世界平和統一家庭連合」（旧統一教会）の「天正宮《チョンジョングン》博物館」だ。ここは「博物館」として届け出がされたが、実際には教団の本部で、韓鶴子《ハンハクチャ》総裁の住居もある。私が訪れた2022年11月には2023年5月1日の竣工《しゅんこう》をめざして「天苑宮《チョンウォングン》」の建設も進んでいて、山あいには青いビニールシートで覆われた工事中の建物があった。総予算は約511億円だ。統一教会問題の本質は、韓国の本部から見ないとわからない。メディアでは「世界平和統一家庭連合」と名称変更があったため「旧統一教会」と報じているが、実際には内実に変化はないので、本書では「統一教会」と表記する。

世界基督教統一神霊協会（統一教会）が韓国で生まれたのは1954年5月1日だ。本部教

京畿道加平にある天正宮博物館（著者撮影）

会はソウル特別市龍山区《ヨンサン》青坡洞《チョンパドン》1街にあった。信者たちにとっては信仰の聖地であり、私が１９９０年代に訪れた時からいままで古い建物が残っており、「統一教会」と名乗っていた時の教団旗が玄関に翻っていた。玄関の表札には「統一教会旧本部」と書いてあり、建物は木造の1階建てだ。庭には松の木が植わっている。この家屋の規模から判断しても、小さな教団として出発したことがわかる。韓国では異端の宗教として厳しい評価が下されていたが、１９５８年に日本での布教がはじまった時から、キリスト教文化の伝統のない環境の下で、とくに若い女性たちの間に広がっていった。文鮮明《ムンソンミョン》教祖を頂点とする韓国の本部と日本の教団の関係が、強い支配と従属の関係になっていくのに時間はそうかからなかった。私が１９９０年代に出会った多くの元信者たちは、時間をかけた勧誘の過程でそれまで知らなかった日本の朝鮮に対する植民地支配の実態などを教えられ、世界を救うメシアだと最終段階で教えられる教祖と教団の生まれた朝鮮半島、とくに韓国に対する贖罪《しよくざい》意識を植え付けられていく。その教団がどこで社会問題を引き起こすようになったのか。その根源が韓国の統一教会本部と日本の教団の関係にある。

韓国の本部と日本の教団の関係、さらには政治家とのつながりをふくめた組織の全体像を明らかにするのが本書の目的である。2022年7月8日に起きた安倍晋三元首相銃撃事件をきっかけに、多くの統一教会報道が続いてきた。しかしそれは教団の「素顔」ではなく、ごく一部であった。廃品回収などで資金を稼ぐ質素だった教団がなぜ豪華絢爛《けんらん》な宮殿を誇るようになったのか。そこに政治家たちへの工作や霊感商法、高額献金の問題が潜んでいる。教団の用語でいえば、日本は「サタン主権」の国で、理想である「地上天国」をつくり、韓鶴子総裁（かつては文鮮明教祖）が「王」として君臨する。その目的のために日本人信者は活動する。

「天苑宮」を左手山あいに見ながら走っていると、右側に教団施設があった。数々の合同結婚式（正式名称・国際合同祝福結婚式）の会場となり、2012年9月15日に文鮮明教祖の葬儀（「文鮮明　天地人真の父母天宙聖和式」）が行なわれた清心《チヨンシム》平和ワールドセンターだ。そこでいったん降りてから私は韓国の統一教会関係者に案内されて「天苑宮」周辺の教団施設を歩いた。

施設が新しいこともあるが、どこにでもある宗教的空間は清潔感にあふれていた。その時期には教団の催しがなかったからだろう。広い敷地ですれ違う人たちはほとんどいなかった。まず目に入ったのは病院だ。HJマグノリア国際病院（旧・清心国際病院）は文鮮明教祖が入院、ここで亡くなっている。中に入ると玄関には「コロナ後遺症回復クリニック　様々な症状に合わせた診療科別専門医の処方提供」と大きな掲示がある。信者だけではなく一般患者もいるそうだ。病院の近くには「天寶教育苑」がある。広い敷地に白壁の建物がゆったりと佇《たたず》んでいる。それぞれに名前が付いていて、建物にスローガンも掲示されている。「神韓国統一」「神統一世界安着！」「神種族メシアの殿堂」。「親和教育館」には大きな文鮮明、韓鶴子夫妻の写真の横にハングルで「真の父母様の恩恵、感謝します！」とある。日本の信者たちが「40日修練会」に参加する建物もあった。安倍晋三銃撃事件を起こした山上《やまがみ》徹也の母がしばしば通っていた場所だ。

韓国本部の教団施設を歩きながら、2022年8月31日に韓国MBC（文化放送）前で行なわれた信者たちの抗議行動を思い出していた。このテレビ局の「PD手帳」という番組は優れたドキュメンタリーを制作する。安倍晋三銃撃事件が起きた直後に日本に入り、各地を取材、山上徹也周辺の情報もふくめて8月30日に放送した。その翌日に約2500人の信者たちが

「宗教弾圧を許すな」「偏向報道をやめろ」とテレビ局前で抗議を行なったのだ。そこには若い2世信者たちもいたが、高齢といってよい日本人女性信者たちの姿が目立った。「あの時の信者たちだ」。私はそう思った。

1992年、1995年の合同結婚式で韓国人と結ばれて渡韓した日本人女性信者たちは約6800人いた。あれからもう30年が経っていた。私は結婚目的の「にわか信者」や、そもそも「日本人の知性ある女性と結婚できる」という動機で合同結婚式に参加した嫁不足の農村男性たちと結ばれた女性信者たちのことが心配だった。信仰を利用したそんな結婚は許されないとも思った。彼女たちは韓国の農村部に嫁いで何を思っているのだろうか。

私が韓国に嫁いだ女性信者たちを取材したのは1995年だった。この年に韓国で行なわれた合同結婚式は「36万双」(「双」とは「組」の意味)といわれ、日本人女性信者で韓国人と結婚したのは約5000人だった。ソウルから車で約5時間。大田《テジョン》市郊外の農村に、1992年の合同結婚式で農業を営む韓国人と結婚したAさんがいた。入信は1987年で26歳の時だった。4年後に仕事を辞めて教会の活動に従事した。教団の用語でいう「献身者」だ。結婚当時は31歳。私が結婚を目的に入信した韓国人といっしょになって苦労している日本人女性がいることについて聞くと、「それは本人の信仰の問題。教会員でなくても、男性に尽くす心情は同じはず」と答えた。Aさんの夫は結婚相手の「希望国家」を「日本」と書いた。その理由を聞くとこう口にした。「日本人はかつて韓国で悪いことをしました。しかし日本人の信者たちは、そのことを謝る活動をしています。だから希望しました」。統一教会では、戦前の日本が行なった朝鮮に対する植民地支配と侵略行為の歴史を徹底して教育している。日本人信者たちが日本の「負債」を韓国に負っていることは、現役信者や元信者たちが一様に強調することだ。だからこそ日本人が率先して韓国人と結婚し、尽くすことが「光栄で自慢」になる。

この時の取材では5人の女性信者に話を聞いた。1988年10月に行なわれた6500組の合同結婚式に出たBさんは、ソウル近郊の農村に暮らし、取材当時31歳だった。日本と韓国の違いを聞くとこう答えた。「日本の教会では、ただ神に尽くせばよかった。それが日本の立場なんです。いまの私は村の中で自然な信仰生活を送ればいいと思っています」。社会問題となった霊感商法については「行き過ぎがあったと思う。もっと人の気持ちを知らなければならなかった」と語っていた。AさんもBさんもいまでは60歳になる。

韓国MBCへの抗議行動に参加した日本人女性信者たちは、濃淡はあるだろうがいまも信仰を持っている。教団本部を歩いている時、ある建物に韓国で暮らす日本人信者を管轄する日本事務局があった。それぞれがLINEでつながっているのだが、私が聞いた登録人数は300

0人もいなかった。「天寶苑」には「VISION 2027 VICTORY」と建物に大きく掲示があった。教団が2027年までに達成する目標だ。「VISION 2020 成就のための戦略」という内部資料がある。世界平和統一家庭連合（FFWPU）＝日本統一教会が、2020年以降を「国政に影響を与え、天意とともにある日本の創生」のため「国民の宗教」になるための目標だ。これは2015年段階だが、国会議員で「連携している議員」は150人、「後援会結成」は76人、「統一運動紹介」は64人、「原理修練会参加」は18人だ。地方議員では「食口《シック》議員」つまり信者議員が44人いたことが明らかになっていた。それからさらに国会議員、地方議員への働きかけは進んだだろう。韓国の本部が目標を掲げ、それを日本でも具体化してきたのだ。

「天心苑」に入ると、広い床の一角にピンクとベージュの敷物があり、そこでは若い信者たちが祭壇に掲げられた文鮮明夫妻の大きな写真に向かって祈りを捧《ささ》げていた。施設を歩いていると「大聖殿」の入る地下2階、地上3階の建物があった。「世界本部　天苑宮　天苑教会／HJ天宙天寶修錬苑」と掲示板には書かれていた。「天城旺臨宮殿」ともいう。そこにはハングルと日本語表記の案内がある。この施設にはHJブックカフェ、通訳室、大食堂、VIP食堂などがある。「天苑宮天苑教会　教区長室」「HJ天宙天寶修錬苑　苑長室」もあるから、ここは中枢部分なのだろう。なお「HJ」とは「孝情」の意味で、韓鶴子総裁になってから使われるようになった。文鮮明夫妻に孝行し因縁を結ぶ心情である。注目すべきは地下2階だ。「HJ天宙天寶修錬苑　韓国・日本受付所」とある。教団関係者によると、この場所や1階では、日本人や韓国人信者が研修時に寝袋などで寝泊まりしていたという。信者はここに来てカードかバーコードで「解怨《かいおん》祝福受付用紙」を出力する。そこにはそれまで何度来たのか、いくら払ったかのデータが保存されており、プリントされた用紙に記されている。2004年6月から先祖解怨の記録を残しているそうだ。献金の記録といってよい。

その先にある緑色の表示のあるところが「先祖解怨／祝福受付」窓口だ。日本で問題になった高額献金の現場だ。先祖の怨念を解放する儀式のためにお金が必要とされ、現金で支払う。解怨には1代から7代が70万円、8代から14代が3万円。それ以降も7代ごとに3万円で430代まで続く。先祖祝福は、教団の祝福を受けるための儀式で1代から7代が7万円、8代以降が1万円だ。もっとも「解怨感謝献金」は原則が70万円だが、430代までたどっても228万円に安くしたことがあるという。ここで払われた献金は、婦人部長や教務部長が101号室と102号室に運ぶ。解怨式と祝福式はこの施設の2階で行なわれる。広い講堂には椅子が並んでいる。教団では現金での献金とともに「ハナロシステム仮想口座」で日本をふくむ世界から送金を求めるシステムができ上がっているのだ。統一教会は日本全国に公表しているだけでも296の関連施設がある。内部資料によるとそのうち教団が所有しているのは18パーセントで、賃貸が82パーセントだ。だが実際には教団が所有する施設は、教会だけでなく、研修所、霊園、さらに空き地も加えるともっと多い。解散命令によって日本教団の解散が確定しても、信者が韓国の世界本部とつながるシステムができている。日本の教団組織が韓国の支配から脱しないかぎり問題の根源的解決には向かわない。

統一教会には「5つの危機」が進行している。①礼拝参加者の低迷、②信者の高齢化（平均年齢54・7歳、2015年）、③信者の経済的困窮、④2世の教会離れ、⑤社会イメージの悪さだ。教団が「VISION　2020」で認めた危機は、2022年7月8日に起きた安倍晋三元首相銃撃事件をきっかけに浮上した統一教会問題でさらに深まった。日本社会は自民党政治と教団の深い関係、信者の高額献金、2世信者の苦悩などに焦点を当てて報道してきた。だがオウム真理教事件がそうであったように、どんな問題でも報道はいつか沈静化していく。

私が統一教会問題を実際に取材、執筆をはじめたのは、1987年に「朝日ジャーナル」（朝日新聞社）で霊感商法批判キャンペーンのチームに加わってからだ。「チーム」といっても藤森研記者と2人だった。1986年11月にキャンペーンがはじまった時には、伊藤正孝編集委員と藤森記者が問題に取り組んでいた。ところが伊藤編集委員が筑紫《ちくし》哲也編集長の後任となり、取材できなくなったので私に霊感商法批判チームに加わるよう求められたのだ。この時は札幌、東京、京都などの国内取材だけだった。1992年に桜田淳子たちが合同結婚式に参加することが明らかになった時、私の取材と執筆の舞台は、休刊した「朝日ジャーナル」から「週刊文春」（文藝春秋）に移っていた。教団の中枢である韓国を取材するようになったのは1990年代からだ。

取材テーマは多岐にわたった。2022年夏以降に再び報道され、問題となった霊感商法、高額献金、政治家との関係は全体のごく一部にすぎない。信者が危険地域に派遣され事件に巻き込まれ死亡したこともあるし、研修で自殺者も出している。「変死」した信者たちもいる。統一教会の裏帳簿を入手、「中央本部」という裏組織も暴露した。打倒の対象であった北朝鮮（朝鮮民主主義人民共和国）の金日成《キムイルソン》主席との会談の背景や、平壌《ピョンヤン》を中心としたホテル経営や自動車会社経営もあまり知られていない。系列企業は北朝鮮に潜水艦も売却していた。ニューヨーク日本人子弟校にも侵食していた。「世界日報」編集局長襲撃事件もあれば、朝日新聞阪神支局などを襲撃した「赤報隊事件」に関与したのではないかという疑惑もあった。アメリカで起きた韓国政府と統一教会による政界工作のコリアゲート事件は、「文鮮明機関」の全体像を理解する上で重要な出来事だった。

1992年からの「30年の空白」を超えて社会問題になった統一教会。だがメディアが報じたのは全体像のごくごく一部だ。安倍晋三元首相銃撃事件から2年。再び風化が進行している日本にあって、統一教会＝世界平和統一家庭連合とは何かを知っていただきたい。「誰も書かなかった統一教会」の世界へと分け入っていく。

# 第1章　安倍元首相が狙われた理由

## 銃撃

２０２２年7月8日、台風４号が姿を変えた温帯低気圧が日本の南海上に居座り、近畿地方は湿度が高く、空気が肌にまとわりつく不快な暑さだった。夏というのに空は分厚い雲で覆われ、日差しは届かない。

午前10時すぎ、グレーの半袖ポロシャツに茶色のワークパンツ姿の40歳くらいの男が近鉄・大和西大寺《やまとさいだいじ》駅に降り立つ。奈良県内で最大規模の同駅の周囲には大型商業施設が並び、人通りは多い。そんな人ごみに紛れて、肩からたすき掛けにしたショルダーバッグを大事そうに持ったメガネの男は、駅の北口に出ると商業施設に入る。時間を潰すように店内を当てもなく歩き回っていた男は、しばらくすると外に出て行った。

午前11時10分ころ、駅前がにわかに騒がしくなる。停《と》められていたワンボックスカーの屋根には奈良県選挙区の自民党現職・佐藤啓《けい》候補の名前が大きく書かれた看板があり、「次の時代を切《き》り拓《ひら》く」とキャッチフレーズが書かれたオレンジの幟《のぼり》が何本もはためく。2日後に参議院選挙の投開票を控えて、演説会がはじまった。駅北口の交差点中央のガードレールで囲まれた安全地帯（ゼブラゾーン）で自民党の奈良県議、国会議員が応援演説する周囲には200人ほどの聴衆が集まっていた。平日の昼間、東京や大阪といった大都市ではない奈良で、これほど多くの人が集まるのは珍しい。聴衆の目当ては立候補した佐藤候補の演説ではなかった。もちろん、県議やほかの国会議員でもない。

午前11時17分、大阪からやってきた黒塗りの車が駅北口の交差点に滑り込み、演説場所であるゼブラゾーンの北西側で停まった。ドアを開けて姿を見せたのは、濃紺のスーツに白シャツの人物。ノーネクタイが精悍《せいかん》な印象を放つ。さらに膨れ上がった聴衆から沸き起こった歓声に軽く手を挙げて応えたのは、自民党候補の選挙の応援に全国を飛び回っていた安倍晋三元首相だ。聴衆の目当ては安倍だったのだ。駅前ロータリーの北側の歩道に陣取っていたグレーのポロシャツ姿の男も、到着した安倍元首相に拍手を送る。男、すなわち山上徹也の目当てもまた安倍だった。

午前11時28分、演説を終えた佐藤啓候補が演台から降りると、グータッチを交わした安倍元首相が登壇する。聴衆は300人余りに膨れ上がっていた。演説がはじまると、この時を待っていたかのように山上は演台に向かい、歩道から車道へと歩を進める。車道を横切るが左右を確認することもなく、その視線は一点に注がれていた。午前11時30分57秒、歩きながらショルダーバッグに右手を突っ込み、中身を確認する。3メートルほど進むとバッグから筒状の銃身を粘着テープで巻いた手製の銃を取り出し、安倍元首相に銃口を向けた。そして、何か言葉を叫びながら引き金を絞った。

「ドーーン！」

午前11時31分6秒、一聴して銃声とは思えない、花火のような破裂音が駅前ロータリーに響きわたる。安倍元首相まで7メートルの距離から、山上は1発目の凶弾を発砲した。6つの散弾が発射されたが、すべて外れ、安倍元首相はもちろん、聴衆の誰一人として被弾しなかった。ただ、手製の銃なので通常の発砲音と異なっていたため、警護の警察官や聴衆で銃声だと気付いた者はほとんどいない。鈍い発射音からやや遅れて、特徴的な筒状の銃口から白煙が立ち昇った。

山上はひるむことなく前に進む。1発目の発砲から2・7秒後、銃声と白煙に気付いたのか、安倍元首相が左後方を振り返った瞬間、距離を約5メートルまで詰めた山上は2発目を発砲した。放たれた6発の散弾のうち、1発が左上腕部、1発が首の右側に命中し、元首相はよろめきながら演台から降りると、その場に倒れ込み意識を失った。心肺停止に陥った安倍元首相はドクターヘリで救急搬送され、奈良県立医科大学附属病院高度救命救急センターで蘇生《そせい》措置を受けた。午後4時55分、東京の私邸から病院に駆け付けた妻・昭恵が蘇生は難しいと判断する。午後5時3分、死亡が確認された。

## 山上徹也が抱いた宿怨

首相経験者の殺害事件は、1936年2月26日の二・二六事件で陸軍青年将校に殺された高橋是清《これきよ》と斎藤 実《まこと》以来で、戦後では初めてとなる惨事だ。安倍元首相が与党自民党の最大派閥の事実上のオーナーで、政界に絶大な影響力を持つことからも衝撃をもって大々的に報じられた。だが、1発目の発砲をする時、山上が叫んだ「言葉」を報じるメディアはこれまでのところひとつもない。

「韓鶴子《カンツルコ》！」――。

捜査関係者によると、山上はこう口にしていた。

標的となった「安倍晋三」ではなく、統一教会（旧・世界基督教統一神霊協会。現・世界平和統一家庭連合）総裁（韓国語の読み方は「ハン・ハクチャ」）の名を叫んでいたのだ。元首相の銃撃事件の本質はここにある。いや、これがすべてと言っても過言ではない。

当時41歳だった山上徹也は、「オレが14歳のとき、家族は破綻を迎えた」と自分のツイッター（現・X）で明かしたように、母親が１９９１年に統一教会に入信して以降、総額1億円を超える献金をしたことで彼の人生は破壊された。

山上家は父親、母親、1歳年上の兄と山上、4歳年下の妹の5人家族で、山上の幼少期は裕福な一家だった。ところが、１９８４年にアルコール依存症と鬱病を患った父親が自殺する。1歳年上の兄も重い小児ガンを患っていた。こうした不幸に付け込み、裕福だった山上家の母親に教団は狙いを定めたのだろう。入信後に母親は自殺した父親の生命保険金の６０００万円すべてを教団に献金している。この事実を山上が知ったのは中学2年生の時だ。このころ一家の暮らしぶりは一変し、山上や幼い妹は日々の食事にも苦労し、いつも空腹を抱えていたという。

母親はさらに献金を続け、家族が暮らす自宅を売却してしまう。この悲惨な出来事について、山上は「全ての原因は25年前（編註・１９９６年）だと言わせてもらう。なぁ、統一教会よ」とツイート（ポスト）している。

山上は優秀な土木技師だった父親の影響を受けていたのか、奈良県内有数の進学校に通っていた。とくに理数系が得意だったといい、同志社大学理工学部への進学を考えていたという。ところが、１９９８年、母親が今度は祖父名義の土地を断りもなく売ってしまい、得たお金を教団に献金してしまう。祖父は娘（山上の母親）に「脱会しろ！」と怒り狂い「（祖父が）包丁を持ちだした」（山上のツイッター）という。それでも母親の統一教会への信仰は止まるどころか、むしろ以前よりのめり込んでいく。そして、２００２年に自己破産に至った。

高校生だった山上は大学進学を諦めるほかはなかった。１９９９年に消防士をめざして公務員試験のための専門学校に入学したが、学費を払えるはずもなく伯父が75万円を援助した。その後、２００２年に海上自衛隊の佐世保教育隊に入隊し、広島県・呉《くれ》の基地で実習部隊に配属。母親が破産した後の２００５年、障害がある兄とまだ幼い妹の行く末を案じた彼は、ベンジン50ミリリットルを飲んで自殺を図っている。自殺未遂の前、山上は生命保険の受取人を母親から兄に変えていたことからも、兄と妹を心配する心情が窺《うかが》える。実際、その後、山上は伯父に「自分が死ねば、経済的に困窮している兄妹に死亡保険金を残せると思った」と明かしている。

ところが、息子の自殺未遂の報《しら》せを受けた母親は、韓国で統一教会の「40日修練」（正式名称・「清平40日修練会」。40日間の修行。ヨガや祈禱《きとう》、原理講義の受講など行なう）を受けており、修行が終わるまで帰国しなかったという。一命を取り留めた山上は、海上自衛隊の聴取に「統一教会によって人生と家族がめちゃくちゃになった」と説明していた。

さらに不幸は続く。2015年、山上が行く末を案じていた兄が将来を悲観し、自殺してしまったのだ。父親の自殺は、母親が信仰にのめり込む大きな契機となった。そして、自らも自殺を図り、兄も自殺……筆舌に尽くし難い壮絶な半生を統一教会に強いられた山上が、教団に恨みを募らせていったのは当然の帰結だった。

## 頓挫した韓鶴子襲撃計画

統一教会教祖の文鮮明は、2012年に死去していた。山上は、文鮮明の妻で、教団の総裁を務める韓鶴子を狙うようになる。

2019年10月6日、統一教会は愛知県常滑《とこなめ》市の愛知県国際展示場で「孝情文化祝福フェスティバル　名古屋4万名大会」を開催した。教団によれば、「『孝情』とは神様に対して、さらにご先祖や両親に対して、孝行の心情を持つという意味です。人類は神様の下のひとつの大家族です。親が子や孫を愛し、子が親や祖父母を敬うといった三代圏家族の孝行の文化を世界に発信していきたいと私たちは考えています」という。先祖や家族を大事にするという教団のこうした思想が、信者からカネを収奪するための方便に使われてきたことは言うまでもない。

この一大イベントには、日本だけでなく韓国やアメリカなど世界中から４万人の信者が集まり、韓鶴子総裁はチャーター機で来日した。山上は隠し持った火炎瓶で韓鶴子を殺害しようと会場を訪れたが、教団の信者しか入場できず襲撃を断念している。

「孝情文化祝福フェスティバル」に参加していたのは、信者だけではない。韓国やアメリカの国会議員も来日し、日本から地方議員だけで２００人が出席した。当日、出席が叶《かな》わない政治家からは多くの祝電が寄せられた。杉本達治・福井県知事、鈴木英敬《えいけい》・三重県知事など自治体首長からも祝辞が贈られたが、数が多いためか会場では読み上げられなかった。ただ、県知事の中で唯一祝辞を披露された人物がいる。大村秀章《ひであき》・愛知県知事だ。農林水産省の官僚から政治家に転身した大村は、自民党公認で初当選して以来、衆議院議員を５期務めると、２０１１年に愛知県知事選に出馬して当選を果たし、現在４期目の在任中だ。

なぜ、大村知事だけが教団から厚遇されたのか。衆議院時代の大村が安倍元首相と近い関係にあったことはよく知られ、２００６年には、第１次安倍内閣で内閣府副大臣に就任している。長期政権となった第２次政権の首相を安倍が電撃辞任した後に出版された石橋文登『安倍晋三秘録』（飛鳥新社）には、2005年に小泉純一郎首相が解散総選挙に踏み切った郵政解散をめぐり、大村についてこんな記述がある。

当時、自民党議員の多くは郵政民営化を行政改革の一環の「政策」だと勘違いしていた。だが、森喜朗《よしろう》元首相や安倍ら清和政策研究会の所属議員は、郵政民営化は小泉の「怨念」であり、民営化法案が衆議院で否決されれば解散総選挙に打って出ることに気付いていたのだ。ただ、森でさえ、本音では郵政解散の末、保守分裂の総選挙となれば自民党は大敗すると見ていたという。

「そんな中、全然違う見方をしていた衆院議員が一人いた。現愛知県知事の大村秀章だ。当時はまだ三回生だったが、郵政解散の半年以上前に大村秀章はこんなことを言った。

『なあ、小泉は郵政民営化法案を否決されたら衆院解散に打って出るよな。解散打ったら自民党は大勝ちするぞ。だって争点は郵政だけだろ。小泉は反対した連中を抵抗勢力呼ばわりしてコテンパンにするだろ。国民はそれにクギ付けになって野党なんて振り向きもしない。自民党は圧勝じゃないか。こりゃ面白くなってきたな。ばかを焚《た》きつけて造反させようかな』

大村秀章は、農水官僚出身で平成研に所属していたが、政局に関して抜群の嗅覚を持っていた」

7年8か月と憲政史上最長の政権となった第2次安倍内閣は第1次の時〝おともだち内閣〟と揶揄《やゆ》されたように、側近など関係の近い者を重用した。衆議院議員時代の大村もまた安倍と昵懇《じっこん》の関係だった。そして、統一教会は安倍とただならぬ関係を築いていた。安倍と関係の近い大村を厚遇したとしても、何ら不思議はないのだ。そんな気安さがあったからだろうか。大村知事の祝電（秘書が作成）は教団が勝手に改ざんしていた。祝電はこう紹介された。「世界平和の実現に向けて、地球的規模で環境を整えてくださる韓鶴子総裁の力強い信念とリーダーシップに心より敬意を表すとともに、関係各位のご尽力にも敬意を表し、会のご成功を祈念致します」。大村知事は、２０２２年7月25日の記者会見で「私どもが送った文章及びメッセージを、勝手に書き換えて書き直して、勝手に作って披露するということについては、極めて不愉快であります」と怒りをこめて批判した。大村知事が送ったのは、「ご盛会を祝し、ご参加の皆さんのご健勝とご多幸を祈念します」という一般的な定型文だったという。教団側は改ざんを認めて、謝罪した。ここにも教団の謀略的体質が表れている。

## ターゲットを安倍元首相に

一方、山上はこの後も韓鶴子総裁を狙い続けていたが、想定外のことが起きる。２０２０年、世界は新型コロナウイルスによるパンデミックに襲われたのだ。日本をふくむ世界各国は感染拡大を防ぐため入国制限を実施し、韓鶴子が来日する見込みはなくなった。

「今年はおそらく鶴子は来ないだろう。それはオレにとって吉か凶か」

日本が新型コロナの第２波に見舞われた２０２０年の夏、山上はこんな意味深長なツイートをしている。その文言からは、韓鶴子総裁の襲撃を諦めかけて揺れる微妙な心情が垣間見《かいまみ》える。

山上はなぜターゲットを安倍元首相に変更したのか。きっかけは、２０２２年の春に見たインターネットの動画だ。

２０２１年９月12日、韓国の清心平和ワールドセンターで「神統一韓国のためのＴＨＩＮＫ　ＴＡＮＫ　２０２２希望前進大会」をＵＰＦ（天宙平和連合）が開催する。ＵＰＦは、２００５年に統一教会の文鮮明教祖とその妻である韓鶴子が米ニューヨークで設立した国際ＮＧＯ（非政府組織）で、教団と事実上一体化した団体といっていい。12か国語に同時通訳、世界１９４か国に生中継したと自賛するこの「世界平和運動」のイベントには、コロナ禍の開催のためリモート参加ではあるものの、潘基文《バンギムン》・元国連事務総長やドナルド・トランプ元米大統領をはじめ、フィリピンの元大統領やインドの元首相など各国の要人が出席し、大会への祝辞とスピーチを贈った。トランプ元大統領のスピーチが終わった後に会場の大型モニターに映し出され

2021年９月12日に行なわれた大会に寄せられた安倍晋三元首相のスピーチ動画の画像（UPF のウェブサイトより）

たのは、日本の安倍晋三元首相だった。

「世界平和をともに牽引《けんいん》してきた、盟友のトランプ元大統領とともに、演説する機会を頂いたことを光栄に思います」

それまで安倍元首相が統一教会系の集会に祝電を送るなど、状況証拠的に両者の関係を証明するものはあっても、明確な証拠はほとんど見つかっていなかった。このビデオ映像は安倍元首相が初めて教団との相互依存関係を自ら公にしたものだった。

このころ、山上も統一教会が日本で教勢を強めてきた背景に、安倍元首相の祖父である岸信介元首相の後押しがあったことを理解していたようだ。安倍元首相を銃撃する前日、ある人物に宛てて投函した手紙にはこんな記述がある。

「苦々しくは思っていましたが、安倍は本来の敵ではないのです。

あくまでも現実世界で最も影響力のある統一教会シンパの一人に過ぎません。文一族を皆殺しにしたくとも、私にはそれが不可能な事は分かっています」

ところが、安倍元首相はUPFに寄せたビデオメッセージの中で、山上の「本来の敵」である韓鶴子を高く評価した上で、家庭を重視するUPFの理念を称賛したのである。とりわけ山上にとって受け入れ難かったのは以下の発言だっただろう。

「UPFの平和ビジョンにおいて、家庭の価値を強調する点を高く評価いたします。世界人権宣言にあるように、家庭は社会の自然かつ基礎的集団単位としての先的価値を持っているのです。偏った価値観を社会革命運動として展開する動きに警戒しましょう」

統一教会によって家庭を崩壊させられた山上にとって、教団を絶賛する安倍のスピーチは理不尽この上ないものだったはずだ。とくに「家庭の価値を強調する」という部分が山上に凶行を決意させたことは想像に難くない。

このビデオメッセージは、アメリカのUPFインターナショナルがワシントンD.C.で発行する教団系日刊紙「ワシントン・タイムズ」が安倍に依頼したものだった。首相経験者である安倍が、実際は秘書が書いたかもしれないような祝電の類いではなく、ビデオとはいえ顔出しで登壇し、自らメッセージを寄せたことの効果は絶大だった。信者にとって、安倍はトランプ元米大統領と並ぶ最大の支援者と映り、今後の活動の精神的支えとなった。

だが、山上にとっては、安倍元首相の銃撃を決断させる最大の後押しとなったと見て間違いないだろう。事件から3年ほど前の2019年10月、山上はツイッターをはじめると、いきなりこうツイートした。

「オレがに《ママ》憎むのは統一教会だけだ。結果として安倍政権に何があってもオレの知った事ではない」

ある人物に送った手紙の最後はこう結ばれていた。

「安倍の死がもたらす政治的意味、結果、最早それを考える余裕は私にはありません」

ターゲットを韓鶴子総裁から安倍元首相に変更した山上は自宅マンションに籠もり、独学で銃の製作をはじめる。金属製の筒やバッテリーなどの部品や工具をネット通販で買い揃《か》《そろ》え、ユーチューブの動画を参考に試行錯誤を繰り返しながら試作を重ねていく。そして、2022年7月8日を迎えたのである。

## 統一教会は混淫教（セックス教）の系譜を引いている

安倍元首相の銃撃という凶行に、山上を駆り立てた統一教会とはどんな組織なのか。

1920年2月25日、日本の朝鮮総督府統治下の朝鮮、現在の北朝鮮平安北道《ピョンアンプクト》定州《チョンジュ》市徳彦面で男児が生まれた。文龍明《ヨンミョン》と名付けられた男児は、後に文鮮明と名乗るようになる。成長した文は、1934年に定州私立五山《オサン》普通学校（日本の高校にあたる）に編入。この学校は植民地期の民族主義的な教育の拠点となっており、宗教指導者が大日本帝国からの独立を宣言し、朝鮮全土に暴動が拡大した1919年の三・一独立運動で定州地域の拠点となっていた。日本統治下でありながら、日本語を教えていなかったことからも色濃い民族主義的な性格が窺える。そんな教育の影響か、祖国を併合した日本への敵愾心《てきがいしん》からか、文龍明は再編入した定州公立普通学校の卒業式で「日本人は風呂敷をまとめて出て行け！」と演説したという逸話が残っている（本人は教祖になってから小学校の卒業式だと語っている）。その後、京城（日本植民地統治時代のソウルの呼称）の京城商工実務学校電気科で電気工学を学ぶ。

日本がすでに泥沼の戦争に突入していた1941年には、留学のため彼にとって「怨讐《おんしゅう》の地」である日本の土を踏む。江本龍明という日本名で早稲田高等工学校電気工学科に入学して留学は1943年まで続く。だが、文は日本滞在中に勉学のみに励んでいたわけではない。韓国人留学生とともに秘密結社を組織し、中国・重慶に亡命していた大韓民国臨時政府と連絡を取り、抗日地下運動を展開したという。

9月30日、早稲田高等工学校を卒業後、朝鮮に戻ると日本の大手建設会社・鹿島組の京城支店に就職して電気関係の仕事に従事していたが、後に日本留学中の抗日運動が発覚し、警察に逮捕され、苛酷な拷問を受ける。釈放された1945年、文龍明は強い宗教体験をする。自らの思想の「原理」を体系立て、同年8月には「原理」によって聖書を解釈した説教をはじめた。この布教活動が、統一教会の原点となったといわれている。だが、文の宗教は当時もいまもキリスト教主流派に受け入れられず異端とされている。

日本の統治が終わっていた1946年5月27日、「天命」を受けた文龍明は妻子をソウルに置いて、米・英・中・ソの信託統治下にあった平壌に向かい布教を開始した。だが、8月には宗教を騙《かた》る詐欺を行なった社会秩序混乱の容疑と、南側（韓国）のスパイ容疑で朝鮮共産党に逮捕される。大同保安署に拘留された文は激しい拷問を受ける。

教祖の生涯を紹介する教団の動画では、当時の苛烈な体験をこう振り返っている。

「監獄では自白を強要され数限りなく殴りつけられました」

文龍明は迫害された恨みを忘れず、この一件以来、「反共」を掲げるようになった。後に、文が統一教会の政治部門を担う反共団体「国際勝共連合」を設立したのは、ごく自然なことだったに違いない。拷問を生き延びた文が布教活動を精力的に続けていた1948年、社会秩序紊乱罪《びんらんざい》で逮捕される事件を起こす。

　もともと文龍明の家は曽祖父の代までは儒教だったが、やがて一家は長老派のプロテスタントに宗旨替えする。このころ、15歳の文はキリストと霊通し、「メシアとして果たせなかった使命を果たしてほしい」と言われたという。奇妙なことに、文はキリストはヘブライ語訛りの韓国語で頼んできたと言っている。このエピソードのように〝つくられた歴史〟が、その後の文鮮明と統一教会へと連なっていくのだ。

　一方で、1930年代には朝鮮に伝播《でんぱ》したプロテスタントの一派はキリスト教神秘主義に傾斜し、その中の「混淫派」は血分け（セックス）を教義の基調に据えていた。この朝鮮の土着宗教に、青年期の文鮮明もかかわっていた。1946年の逮捕も、布教活動に伴う混淫によって社会秩序を混乱させた容疑だとする説もあるほどだ。そして1948年には、信者の人妻との強制結婚の現行犯と社会秩序紊乱罪の容疑で逮捕された。5年の懲役刑の判決を受けた文は、北朝鮮の興南《フンナム》特別労務者収容所に送られた。

　この収容所で出会った文龍明に急速に傾倒し、最側近として統一教会の創設にも貢献した朴《パク》正華《チョンファ》は、文本人から「血分け」の儀式を行なったことを聞き、自身も儀式を経験したと告白している。後に教義に疑問を抱いた朴は、1962年ころには教団を離れた。その後出版した著書『六マリアの悲劇』(恒友出版)などで明らかにした文鮮明の「原理」を要約するとこうなる。

最初の人類であるアダムとエバのうちのエバが、サタンとなるルーシェル(統一教会では「ルシファー」をこう呼ぶ)とセックスをしたために、人類は悪魔の血を引くことになった。そこで神は、第2のアダムとしてキリストを地上に遣わした。キリストの使命は、サタンに奪われたエバを取り戻すために、母であるマリアをふくめた6人の人妻とセックスを行ない、その血を清めることにあった(これを〝復帰〟という)。しかしキリストはこれに失敗、ついに一人の人妻との〝復帰〟も達成できずにこの世を去った。

そこで、第3のアダムとして神は文鮮明を地上に送り出した。文には、6人の人妻、すなわち「6人のマリア」の血を、3回のセックスによって清めなければならない使命があり、また人類は、そうして清められ、神の側に立ち返ったマリアとのリレー式セックスによって、初めて救われる。

文鮮明は、逮捕の理由となった人妻だけでなく、ほかにも多くの人妻と血分けの儀式を行なったという。なぜ文は多くの人妻に対して、次々と〝セックス伝道〟を実行していったのか。その理由は、文の説く独特なキリスト教観にある。

統一教会の教理解説書『原理講論』によれば、アダムとエバの時代、エバの不倫により人類は原罪を負いサタンの血統になり、これが人類のすべての不幸の原因になったという。教団のもっとも重要な儀式とされる国際合同結婚式（統一教会では「祝福」と呼ぶ）も、文鮮明によって選ばれた女性が清められることで血統が転換し、原罪を負わない子供（統一教会では「祝福2世」と呼ぶ）を生み、人類は救済されるという。

だが、安倍元首相を銃撃した山上徹也の母親が統一教会に1億円超の献金をした末、家庭が破綻したように、文鮮明教祖の目的が人類救済ではないことは明白だ。「私が目撃した統一教会・文鮮明教祖の『SEXリレー』のすべて」（「週刊現代」1993年11月13日号）で、朴は教団の本質をこう話した。

「私が断言できるのは、北朝鮮から南に逃れて釜山《プサン》に移って以降のことです。文はそのとき、私にはっきりと『6マリアを執行した』といいました。しかし、実際には6人などではないのです。文は『あなたは6マリアの一人だ』といっては、次々と女性を変えていきました。それも、6マリアだとささやかれた女性のほとんどは、財産家の妻など裕福な女性ばかりでした。

つまり目当てはカネだったのです。当時、『私もマリア、私もマリア』という女性信者がたくさんいた。私は、実際には〝60〟マリアぐらいだったと思っています」

服役中だった文龍明が、なぜ釜山に逃れられたのか。当時、朝鮮半島は東西冷戦下で両陣営が睨《にら》み合う最前線だった。1950年6月に朝鮮戦争が勃発し、興南に達した国連軍が囚人を解放すると、文はどさくさに紛れて逃げ出し弟子たちと合流し、釜山まで逃亡した。その後、文は韓国各地で「原理」の説教を行なう布教活動をはじめ、1954年5月1日、統一教会を設立する。

## 「統一原理」の3大教義

ここで統一教会が説く「統一原理」について簡単に説明しておこう。「統一原理」は「創造原理」、「堕落論」、「復帰原理」の3つに分かれる。

「創造原理」とは、神と人間をふくむ被造世界との関係や、神の天地創造の目的と人生の目的、さらには地上界と霊界の関係を説き、宇宙の根本原理、神の創造目的を解説する。

「堕落論」では、罪悪の原因はどこにあり、人間の堕落によって生じたものとは何か、なぜ全知全能であるはずの神が人間の堕落を防ぐことができなかったのか、など、人々の不幸の原因である原罪の真相を解き明かす。

「復帰原理」では、人間を不幸に陥れる原因を克服する術《すべ》が明かされ、人間が神に創造された時の本来の姿へと戻る（統一教会では「復帰」と呼ぶ）ための法則と、人類の歴史に隠された神の復帰（統一教会では「再臨」と呼ぶ）の計画などを説いている。

これらの「統一原理」の教理を解説したのが、1957年に文鮮明教祖が著した『原理解説』で、その後、教団幹部が教祖の言葉をまとめて1966年に出版した前編が7章、後編が6章から成る『原理講論』である。同書が説いているのは、ごく簡単に言えば「神は人間を子として創造したが、堕落によってサタンの血統の下に置かれるようになったため（統一教会のいうところの「原罪」。聖書の原罪とは異なる）、さまざまな問題を孕《はら》んだ社会を形成するようになった（統一教会では「地上地獄」と呼ぶ）。そして、人間が本来の幸福を取り戻すためには、真《まこと》の父母であるメシアによって重生（生まれ変わり）することで原罪を清算し、メシアとともにさらに成長し、地上天国を復帰しなければならない」というものだ。いうまでもなく、「真の父母」とは、教祖の文鮮明とその妻の韓鶴子を指している。

だが、カルト宗教の教義がことごとく自らに都合よくつくられているのと同様に、統一教会の教義も「旧約・新約聖書を教典に『原理講論』を教理解説書とする」と主張するが、聖書の言葉を断片的に都合よく利用しているにすぎない。例を挙げればキリがないので、ほんの一例を紹介しよう。

聖書の創世記には「蛇にそそのかされたエバが善悪を知る木の実を食べてしまい、その実をアダムにも食べさせると目が開いた2人は裸であることに気づいた」と書かれている。「取って食べてはいけない」という戒めを破って禁断の実を口にした2人を、神は楽園から追放した、という有名な話だ。

ところが、文鮮明は、「蛇」とは後にサタンとなる元天使長で堕天使となったルーシェルであり、人類の始祖であるエバがそそのかされて食べた「禁断の果実」とは、ルーシェルとの不倫だったと断じている。さらに、「エバはアダムとも性関係を持つなどして堕落した。そして、サタンからエバ、エバからアダムと、人類の始祖から子孫たる全人類に神に背いた悪の血統が受け継がれた。人間が罪を犯すのは、サタンの血をひく末裔《まつえい》だからだ」と説いている。

当然だが、文鮮明の生み出した教義のような記述は、聖書には一切見当たらない。

# 第2章　政治への接近

## 不法入国ではじまった日本での布教

日本に統一教会が設立される前の1958年、崔翔翼《チエサンイク》という韓国人が宣教のために、日本名「西川勝」と名前を変えて日本に入国する。だが当時、韓国と日本は国交がないので密入国になる。西川は不法入国で逮捕され、入国管理局に収容されるも逃亡し、各地を転々としながら布教活動をはじめた。韓国で統一教会が設立されてからわずか4年という黎明《れいめい》期に、教祖・文鮮明は海外での教勢拡大を画策していたのだ。日本に西川が入国した翌年の1959年、日本でも統一教会が設立される。7月には、全国120か所で夏季40日間の開拓伝道を敢行し、10月には西川が日本で最初の礼拝を行なった。1963年に信者になった人物によると、そのころ信者数は全国でも30人ぐらいだったという。戦後の復興目覚ましい日本でアジア初となる東京五輪が開催された1964年、東京都から宗教法人の認可を受けた統一教会はさらにその動きを活発化させていく。

日本だけではない。1959年には、文鮮明の命を受けた一組の信者夫婦が宣教のためアメリカに渡っている。このころから統一教会は、日本やアメリカのほか、イギリス、フランス、ドイツなどでも教勢を強めようと活動していた。

教団の教理解説書『原理講論』には、次のような記述がある。

「人類の父母となられたイエスが韓国に再臨されることが事実であるならば、その方は間違いなく韓国語を使われるであろうから、韓国語はすなわち、祖国語（信仰の母国語）となるであろう。したがって、あらゆる民族はこの祖国語を使用せざるを得なくなるであろう。このようにして、すべての人類は、一つの言語を用いる一つの民族となって、一つの世界をつくりあげるようになるのである」

「一つの世界」とは、再臨のキリストを自認する文鮮明（文鮮明の死去後は、妻である韓鶴子総裁）が王として統治する世界であり、彼らはそれを「地上天国」と呼ぶ。この目的を達成するために、統一教会は日本やアメリカの政界への関与を強めていったのである。もっとも『原理講論』のこの部分は、極端な韓国中心主義であるため、かつては日本語版（たとえば1967年版）からは削除されていた。

統一教会の布教活動は南米やアフリカにまで及び、世界194か国に教会を持っているという。半世紀以上を経た現在、教団ホームページによれば世界各国の信者数は、1位が日本で約60万人、2位が韓国で約30万人、3位がフィリピンで約12万人、4位がコンゴ共和国で約11万人、以下、アメリカとタイが約10万人で続く。ただし、これらの数字はあくまでも教団による「公称」であり、実数は世界でもっとも信者が多い日本でも7万〜8万人と推測されている。当然ながら、韓国やアメリカの信者数はもっと少ない。つまり、発祥の地である韓国や、黎明期に同じく教勢拡大をめざしたアメリカでは大きな勢力になっていない。世界中で日本においてのみ教団は多数の信者の獲得に成功し、いまだに勢力を保っているのだ。

なぜ、統一教会は日本で浸透することに成功し、勢力を拡大できたのか。それは、初期のころの開拓伝道と違い、統一教会と名乗らない違法伝道が主流となり、さらには多くのフロント組織を作り上げて日本の政界、とくに保守政治家に食い込み、関係を構築したからにほかならない。

### 70年安保前夜、「勝共」を旗印に日本政界に接近

統一教会が日本の政界とつながりを持ちはじめた端緒は、1967年まで遡《さかのぼ》る。

当時の国際情勢を振り返れば、東西両陣営が互いを仮想敵国とみなして核軍拡競争に火花を散らしていた。1962年にはキューバ事件でアメリカとソ連の2大超大国が核戦争の寸前まで緊張をエスカレートさせ、60年代後半には、泥沼化したベトナム戦争への反戦運動は、アメリカ、ヨーロッパ、日本をはじめ世界に広がっていった。

一方、統一教会が生まれた韓国では、1961年に軍事クーデターで実権を掌握した朴正熙《パクチョンヒ》大統領の独裁政権下で、南北朝鮮の「勝共統一」がスローガンに据えられる。東西冷戦時代において、共産主義に打ち勝つことは西側諸国では重要な政治的課題であり、朝鮮半島で東側陣営の一員である北朝鮮と国境線を挟んで睨み合う韓国にとって「勝共」は重要な政治テーマだった。アメリカにとって反共の防波堤の役割を担っていた日本も、例外ではなかった。国内では1970年に自動更新される日米安全保障条約をめぐって、社会党や共産党といった左派政党が反対し、新左翼による暴力や、警察、機動隊との衝突が繰り返されるなど、安保に反対する左派勢力が猛威を振るっていた。安保体制の維持をめざす日本の保守勢力にとって、「70

年安保」は左右の政治イデオロギーがぶつかり合う決戦の場だったのである。

70年安保闘争で日本が混乱を極める前夜の1967年6月12日、文鮮明教祖が日本の土を踏む。文は『原理講論』の修練会を行ない、7月に入ると山梨県本栖湖《もとすこ》に向かった。湖畔に建つ社団法人全国モーターボート競走会連合会（現・一般財団法人日本モーターボート競走会）が所有する厚生施設・水上スポーツセンターに、何人かの男たちが続々と姿を現した。施設の建物に吸い込まれていったのは、日本の右翼の大物たちだった。

錚々《そうそう》たる面々は、「日本の黒幕」といわれた元A級戦犯容疑者・児玉誉士夫《よしお》の代理で、保守勢力に多大な影響力を持つ右翼の白井為雄《ためお》。児玉は戦前から国家主義運動家として活動し、戦中、海軍航空本部嘱託として中国・上海《シャンハイ》に「児玉機関」を設立して物資を調達、蓄えた物資を戦後の占領期に売り捌《さば》き、莫大《ばくだい》な利益を得る。豊富な資金を使って戦後の右翼を糾合、政財界に強い影響力を行使した人物だ。

そして、「右翼の首領」と呼ばれ、後に国際勝共連合名誉会長となる笹川良一《ささかわりょういち》。笹川は戦前に国粋大衆党総裁として衆議院議員を務め、戦後は財団法人日本船舶振興会会長として政界に隠然とした力を発揮したことで知られる。さらに、西日本の大物右翼で民族派の重鎮・畑時夫《はたときお》や、日本統一教会初代会長で、後に国際勝共連合初代会長となる久保木修己《くぼきおさみ》もいた。

日本の右派の重鎮が勢ぞろいしたのは、この場で開かれた「第1回アジア反共連盟結成準備会議」に参加するためだった。参加者たちは勝共運動を日本に受け入れることで一致を見る。勝共運動は韓国・朴正煕政権の政治目標であり、KCIA（韓国中央情報部）の命を受けたという文鮮明は国際勝共連合の設立に奔走していた。こうして1968年1月に韓国で国際勝共連合が設立される。統一教会を母体に誕生した反共主義の政治団体・国際勝共連合は、事実上、教団の政治部門を担う組織として活動をはじめたのだ。

## 朴軍事独裁政権下、教団は「勝共」に再編

宗教団体を名乗る統一教会が、なぜ極めて政治イデオロギー色の強い「勝共」を活動の軸に据えるようになったのか。

第2次世界大戦中、ウクライナの独立運動に参加していたヤロスラフ・ステツコがナチスドイツに逮捕され転向し、ユダヤ人の虐殺に手を染め、1946年に反共団体・反ボルシェビキ国家連合（ABN）を結成、ドイツで結成大会を開催する。1950年代後半には台湾をしばしば訪問し、中国国民党総裁で、国共内戦では毛沢東率いる中国共産党と戦った中華民国総統・蔣介石《しょうかいせき》の言動に共鳴していた（『インサイド・ザ・リーグ』社会思想社）。

同じころ、韓国・ソウルでは、韓国の李承晩《イスンマン》大統領と中華民国の蔣介石総統の提案で、アジア人民反共連盟（APACL）が1954年に結成される。奇《く》しくも、同年は韓国で統一教会が設立された年だ。そして、APACLの動きに注目したステッコは、1958年にメキシコで開催された世界反共連盟発足準備会議に参加した。その後、ステッコの反共グループは共産圏の東欧から南米に逃れ、彼に帯同する国際的な反共グループが韓国で見出《みいだ》したのが文鮮明だった。当時、韓国では1961年に軍事クーデターで権力を掌握した朴正熙が「勝共」を掲げており、文鮮明と統一教会は韓国国内においても「勝共」という特別な役割を与えられ、再編される。

一方、世界で胎動しはじめた反共団体はやがて合従連衡し、1966年、中華民国でAPACLを母体として世界反共連盟（WACL）の結成に結実する。創設時の中心メンバーは中華民国の蔣介石総統、韓国の朴正熙大統領、日本の大物右翼の笹川良一、児玉誉士夫、そして統一教会の文鮮明の5人。WACLはその後、中南米をはじめ世界各地の反共活動に資金や武器を提供し、テロ活動も行なっていく。

こうした歴史的経緯があるので、韓国で統一教会が国際勝共連合を利用して展開した運動を、反共法を制定してまで共産主義に対抗していた朴正熙政権は当然のように庇護《ひご》した。教団と政治の利害が一致したのだ。日本の右翼にとっても、70年安保闘争で左派が勢いづく国内情勢を前に、反共は喫緊の課題だった。文鮮明と日本の右翼が意見の一致を見た本栖湖の会談を経て、1968年4月、韓国での設立から3か月遅れて日本でも国際勝共連合が誕生する。これを契機に、統一教会は日本の政界との関係を深めていった。

日本統一教会の初代会長で、日本でも産声を上げた国際勝共連合の初代会長に就任した久保木修己は教団の目的をこう語った。

「政界、財界、言論界、教育界等にどしどし人材を送り込んで（略）、各界の浄化を図り、その中心人物として神の国建設の具体的大進撃の前衛としなければならない」（『成約週報』1968年10月8日付）

日本の国際勝共連合の発起人には、同団体の名誉会長となる笹川良一、「日本の黒幕」児玉誉士夫らとともに、安倍晋三元首相の祖父である岸信介元首相が名を連ねている。戦後、A級戦犯容疑者として収監された巣鴨《すがも》プリズンから復活を遂げ、権力の階段を上り詰め、「昭和の妖怪」の異名をとった政治家だ。安倍元首相の銃撃事件後、「安倍ファミリー」と統一教会の関係がにわかに取り沙汰されたが、両者の関係は教団が日本に設立された草創期からすでにはじまっていたのだ。

東京渋谷区南平台《なんぺいだい》――。渋谷駅の南西に広がるゆるやかな丘を登っていくと、10分ほどで大使館や豪奢な門構えの豪邸、瀟洒《しょうしゃ》な洋風建築の家々が並び立つ。東京有数の高級住宅街として知られるこの地の一角でひときわ存在感を放っていたのが、岸元首相の私邸だった。そして、その隣に本部を構えていたのが統一教会だった。現在はマンションが建っており、当時の面影は感じられない。ここは、昭和の銀幕の大スターだった高峰三枝子がもともと所有していた。1956年に500坪に及ぶ敷地と屋敷を岸がそっくり借り受け、自宅兼迎賓館として使用していた。1964年に岸がこれを高峰に返却すると、同年、この建物を統一教会が借りて本部を移転している。つまり、岸政権時代に首相私邸だった建物を教団は使用していたことになる。

だが、岸元首相の隣地に、たまたま教団が本部を構えたというわけではない。岸は過去にこう語っていた。

「ただいま久保木（編註・修己統一教会）会長から御紹介がありましたように、私はここへは今回で3度目だと思います。その前に実は、統一教会と私の奇しき因縁は、南平台で隣り合わせで住んでおりました若い青年たち、正体はよくわからないけれども、日曜日ごとに礼拝をされて、賛美歌の声が聞こえてくる。（略）

そうしたら（略）笹川（編註・良一）君が統一教会に共鳴してこの運動の強化を念願して、私に、君の隣りにこういう者が来ているんだけれども、あれは私が陰ながら発展を期待している純真な青年の諸君で、将来、日本のこの混乱の中に、それを救うべき大きな使命を持っている青年だと私は期待している。もっとも現在の数は非常に少なく、またずいぶん誤解もあり、親を泣かせるとマスコミも騒いでいる。そういう話を聞き、お隣りでもありましたので、聖日の礼拝の後に参りまして、お話《ママ》したことがありました。人数もせいぜい二、三十人ではなかったかと思います。久保木君のお説教は（略）極めて情熱のこもったお話を聞きまして、非常に頼もしく私は考えたのです」（１９７３年４月８日、教団本部を訪れた際の発言。『日本統一運動史』光言社）

　ある元幹部が私にこう語った。

「私が高校原研（原理研究会）の時、研修で施設に寝泊まりしていました。朝になると体操をして、みんなで歌も唄いました。岸元首相は、そんな私たちに声をかけてくれました。立派な政治家だといまでも思いますよ」

　黎明期の統一教会の勢力拡大に、岸元首相が果たした役割は絶対不可欠であった。統一教会初代会長で、国際勝共連合の初代会長も務めた久保木修己は、著書『愛天 愛国 愛人』（世界日報社）に回想とともに岸への謝意を綴《つづ》っている。

「岸先生は、しばしば統一教会の本部や勝共連合の本部に足を運んでくださいました。（略）先生と私たちには共有できる精神的連帯感がありました。（略）岸先生に懇意にしていただいたことが、勝共運動を飛躍させる大きなきっかけになったことは間違いありません」

１９６０年代末期、日本各地で繰り広げられた70年安保闘争では、日米安保条約の自動延長の阻止に加えて、安保条約そのものの破棄をめざして、労働者、学生、市民の運動が全国的に盛り上がっていた。

70年安保闘争が熱気を帯びていた時期は、統一教会にとっても活動の幅を広げ、勢力を拡大していく隆盛期となっていた。日米安保条約が自動更新される１９７０年は、その典型ともいえる年だった。日本の右翼、政治家、そして宗教界を巻き込んで、動きを活発化させていく。同年４月には京都府知事選挙が行なわれた。蜷川虎三《にながわとらぞう》知事は６選を果たしたが、この選挙には自民・公明・民社推薦の候補を応援するため、初めて統一教会信者が全国から動員された。統一教会と政治の関わりの画期となる選挙戦だった。この時、蜷川府政を批判する「府民新聞」号外などが50万枚配布された。そのうち45万枚が創価学会員によって、５万枚が統一教会信者によって配られた。５月には、落成して間もない立正佼成会《りっしょうこうせいかい》普門館でＷＡＣＬ躍進国民大会が開催された。佐藤栄作首相をはじめ、自民党幹部ら政界の大物が花輪を贈り、佐藤の実兄である岸元首相も祝辞を寄せた。

9月には、京都でWACLの第4回総会が開かれ、統一教会会長、国際勝共連合会長の久保木修己が議長に選任されている。さらに同月、東京・日本武道館でWACL世界大会が開催された。驚くのは、参加者や関係者の顔ぶれだ。大会の総裁を笹川良一、大会推進委員長を岸信介、大会責任者を国際勝共連合事務総長の阿部正寿《まさとし》が務めた。推進団体には神社本庁の名が見られ、賛同団体には自衛隊友の会の名まである。右翼、右派政治家、宗教団体と、まさに一堂に会した日本の保守勢力が、「勝共」を旗印とする統一教会にからめとられていたのだ。

## 左翼勢力の拡大に警戒する自民党

一方、70年安保闘争は、佐藤栄作首相が機動隊を強化し、反対派の運動を徹底的に取り締まった結果、1970年6月、日米安保条約は自動継続に至る。闘争はベトナム反戦運動などと結びつき、労働者たちの一定の支持を得たものの、60年安保に比べて全共闘を中心とした学生運動の性格が色濃いものとなっていた。さらに、新左翼同士による内ゲバが激化し、多くの国民からかけ離れた存在になった。こうした状況は政治にも反映する。安保闘争さなかの196

9年に行なわれた衆議院議員総選挙では、佐藤首相率いる与党・自民党が議席を上積みしたのに対して、安保条約の延長に反対した社会党は前回選挙（1967年）時の140議席から50議席減の90議席と大敗を喫した。

ところが、野党第一党の社会党の凋落《ちょうらく》を尻目に、共産党は1969年の総選挙で14議席、1972年の総選挙で38議席、1979年の衆議院選挙でも39議席を獲得し、躍進する。社会党も70年代には党勢を取り戻しつつあった。国政で勢いを増す左派政党に、自民党は大きな危機感を抱くようになる。70年安保と前後して、高度経済成長の歪《ひず》みとして生まれた公害への反対運動が盛り上がりを見せていたのも、左派政党への追い風となっていた。そんな状況下で、政府与党や国内保守勢力が手を焼いていた70年安保闘争や大学紛争に際して、時には「実力行使」をもって「兵士」として左派勢力と対峙《たいじ》した国際勝共連合（事実上、統一教会と一心同体）は自民党をはじめとする保守派にとって願ってもない存在だった。こうした国内の政治状況の変化を前に、自民党は「勝共」を掲げる国際勝共連合との関係を強めていったのである。

岸信介元首相は教団本部を訪れて3回も演説していたのだ。1973年4月8日には、「アジアの危機と青年の使命」と題して信者を激励している。言うまでもなく「アジアの危機」とは共産主義の拡散を意味し、「青年の使命」とは国際勝共連合が掲げる「勝共」運動を指す。

「みなさんの努力に対して心から頭を下げ、同時にその成功を祈って止《や》まないのであります」

自民党と統一教会の結びつきは、さらに強まっていく。1974年5月7日、東京の帝国ホテルで「希望の日晩餐会《ばんさんかい》」と題した文鮮明教祖の講演会が約2000人の参加で開催された。この会の名誉実行委員長は岸元首相が務め、挨拶に立った福田赳夫《たけお》大蔵大臣は「アジアに偉大な指導者現る。その名は文鮮明」と持ち上げ、文と固い握手を交わしている。福田は後に首相に上り詰め、岸元首相の系譜を継承して清和会（後の清和政策研究会）を立ち上げる人物だ。

政界からは倉石忠雄《ただお》農林大臣、岸元首相の娘婿で安倍晋三元首相の実父の安倍晋太郎元農林政務次官、中川一郎（後に福田内閣で農林大臣）、保岡興治《おきはる》、中山正暉《まさあき》（後に北朝鮮拉致疑惑日本人救援議員連盟〈拉致議連〉会長）ら、保守派を中心に衆議院議員29人、参議院議員11人が出席している。韓国大使、経団連会長、大学教授、弁護士、メディアなどからの参加もあった。この会合の運営にかかわった信者は「岸元首相の名前で案内状が出されたことが大きかった」と私に語った。

統一教会とその政治部門を担う国際勝共連合は、「自主憲法制定国民会議」、「スパイ防止法制定促進国民会議」を組織するなど、保守政治家の政策や反共理念の実現を後押しする実働部隊として活動の幅を広げていき、両者の関係はより密接なものとなっていく。

自民党国会議員や、民社党（かつて存在した右派社会民主主義政党）の一部の議員にとって、統一教会とは自分たちの政策や理念を草の根から支えてくれる団体であり、選挙ともなれば無償で熱烈に運動を手伝ってくれる頼りがいのある存在となった。一方、相互補完関係にある統一教会は、自民党の庇護の下、勢力を維持・拡大することに成功する。80年代後半になると教団信者による霊感商法が社会的問題となる。霊感商法とは、「先祖の祟《たた》りで不幸になる」などと、あたかも霊感があるかのように装った霊能者役が不安を煽《あお》り、人の不幸に付け込んで法外に高額の壺や多宝塔、印鑑などを買わせる悪徳商法だ。この霊感商法が厳しく批判された時でさえ、教団の正体を隠したダミー団体「霊石愛好会」の集会には、多くの自民党国会議員から祝電が寄せられるほどだった。自民党を中心とする国会議員が統一教会に依存するのは、具体的な理由があったのである。

# 第3章　政治への侵食

## 「Fレディー」——謎の秘書養成講座

1987年、日経平均株価が2万5000円台を記録し、日本が景気高揚局面に突入したことを誰もが感じはじめたこの年、私は京都・嵐山を訪れていた。

古都を代表する観光地の嵐山は、桜と紅葉の名所として知られる。この地への玄関口となっている京福電気鉄道嵐山本線の嵐山駅を降りて、南に歩を進める。10分ほど歩いただろうか、渡月橋を進み桂川《かつらがわ》を渡ると、狭い道が続く。しばらく歩くと、右手に1軒の建物が現れた。壁面には大きく「嵯峨亭《さがてい》」という屋号が掲げられている。

もともとは京都の呉服問屋が所有していた3階建ての旅館だが、人の気配は感じられない。道路に面したすべての窓にはカーテンが引かれ、門は固く閉ざされていた。念のため、玄関まで行きブザーを押してみる。すると、人気のないロビーの奥から一人の女性が顔を出した。ここは旅館ですかと問うと「いいえ、企業の研修に使っているんです」と言う。ロビーを見渡すと、朝鮮の民族衣装を纏《まと》った人形がガラスケースに納められ、ドアの脇には大量の新聞が積んであった。

「世界日報」——。

やはり、間違いではなかった。「世界日報」は統一教会系の日刊紙であり、教団の事実上の機関紙といっていい。嵯峨亭は教団に買い上げられ、研修施設として使われていたのだ。

取材に訪れる前年の1986年8月、嵯峨亭に全国から選《え》りすぐりの女性信者が集められていた。京都に呼び寄せられる前、教団本部の指令により、女性信者たちはそれぞれが活動する地域の所属組織ごとに面接を受けることになった。東京・渋谷にあった教団の礼拝堂には西東京ブロックから50人ほどが集められ、4～5人ずつグループ面接が行なわれた。

面接官は、神戸市民大学講座の女性責任者たちだ。この講座は一見、どこにでもある自治体が主催する「市民大学」に思えるが、統一教会の教育部門を担うフロント組織「世界平和教授アカデミー」が講師を派遣する教団の下部組織だ。通常の「市民大学」と思ってこの講座に参加したため、教団の原理運動に引きずり込まれたというケースも多い。

面接官はこう強調した。

「世間にお父様（教団では文鮮明をこう呼ぶ）を証ししていかなければならない。これからは世界平和教授アカデミーや代議士秘書など、世間に溶け込む仕事が必要だ」

面接をクリアする条件は、仕事を持たず教団の活動に専念する「献身者」の女性信者で、身長156センチ以上。できれば英会話ができることも条件に付け加えられたという。

面接の名目は「チャーム・コンテスト」。字面の通りに受け取れば、美人コンテストのような催しを想像するが、実際に京都で行なわれたのは秘書養成講座だった。全国から面接を突破した91人の女性信者たちは、まず嵯峨亭2階の大広間で統一教会の教えである原理講義や信仰講座を受講する。だが、女性信者たちの一日はそれだけでは終わらない。講義の聴講を済ますと、京都・嵐山から関西一円に散らばって、「勝共カンパ」に歩くのだ。「勝共カンパ」とは、福祉や難民救済を装って街頭で募金を呼びかける詐欺的なカンパのことだ。当時、教団の資金源のひとつとなっていたこの活動に、信者たちは毎日のように駆り出されていた。

「勝共カンパ」を終えた女性信者たちは、兵庫県神戸市須磨《すま》区の教団研修施設に集められ、その後の10日間を秘書マナーの研修に費やす。電話の応対やお辞儀の仕方、来客へのお茶の出し方、受付や名刺交換、接待の作法、さらにはワープロや英会話の訓練も行なわれた。秘書養成講座を終えると再び京都・嵐山の嵯峨亭に戻り、今度は「話し方教室」でスピーチの上手な方法までがレクチャーされた。

研修の総仕上げでは、女性信者たちは神戸のポートピアホテルに集められた。外交評論家で、『救世主現わる』『牢獄《ろうごく》の救世主』（ともに善本社）など、文鮮明教祖を高く評価する著書も多い那須聖《なすきよし》の講演を聞くためだ。その後、フランス料理のフルコースが供された。秘書としてテーブルマナーを学ぶための晩餐だった。すべての日程を修了すると、研修を修了した記念にペンダントが信者一人ひとりに贈られた。ペンダントトップには開閉できるロケットが付いており、開けると文鮮明夫妻の写真が収められ、「Fレディー一期生」と記されていた。「Fレディー」とは、ファーストレディーのことだ。秘書としての振る舞いを叩《たた》き込まれた91人の女性信者は、地元に戻り、その後、多くは東京に向かった。国会議員の公設秘書、私設秘書として活動するようになった一期生の誕生である。

## 1986年衆参ダブル選挙で、政界への侵食を強化

統一教会は、どんな目的で秘書を養成したのか。

教団が京都・嵐山の旅館「嵯峨亭」を買収し、秘書養成講座を開く1か月前、政治の世界では慌ただしい動きがあった。

1986年7月6日に中曾根康弘首相は衆参ダブル選挙に打って出る。中曾根首相は自民党総裁の任期満了を10月末に控え、同日選挙に勝利して党勢を回復し、これをテコに自らの任期延長を目論《もくろ》んでいた。だが当時、1票の格差が違憲状態だったため、これを是正しないで選挙を行なうことはできないというのが大方の見方だった。中曾根首相もこれを理由に「解散はできない」と繰り返し発言していた。ところが、首相は言を覆して衆議院の解散に踏み切る。野党の虚を衝《つ》いた〝死んだふり解散〟の後に行なわれた同日選で、自民党は公認候補だけでも衆議院で300議席を獲得。結党以来、最多の当選を記録し、参議院でも過半数を大きく上回る143議席を手にしている。ダブル選挙は自民党の記録的な圧勝に終わったのである。

衆参同日選挙の後、国際勝共連合の機関紙「思想新聞」や統一教会系の日刊紙「世界日報」は、「本連合特別会員および顧問」として衆議院議員（120人）、参議院議員（10人）の合計130人が誕生したと発表した。「勝共推進議員」の存在が初めて明らかになったのだ。教団に近い国会議員はこの後に134人に増加したという。1990年には「思想新聞」（3月25日

1973年11月23日、握手をかわす文鮮明（左）と岸信介（『統一教會四十年史〔写真で見る統一教会40年史〕』1994年）

号）が、「勝共推進議員」の名簿を国会議員１０５人の実名とともに掲載した。教団と政治家の尋常ならざる関係があらわになったのだ。

「勝共推進議員」とは、統一教会の信者が選挙運動を支援する代わりに、①統一教会の教義を学ぶため、韓国で開催されるツアーに参加する、②国際勝共連合系の議員であることを認める、③統一教会を認める、といった条件を受け入れた議員を意味する。当時の「名簿」には、細田博之《ひろゆき》、麻生太郎、森喜朗、安倍晋太郎などなど、後に自民党の大物議員となる議員たちが並ぶ。もちろん、「勝共推進議員」の名簿には、１９８６年の衆参ダブル選挙を自民党の圧勝に導いた中曾根康弘元首相の名もある。このほか、社会党右派を母体とした民社党の議員も数人いたが、「勝共推進議員」のほとんどを自民党議員が占めていた。

統一教会は国際勝共連合を通じて、組織として政治への接近を図っていたのだ。1990年の総選挙の結果、国際勝共連合は、「勝共推進議員」が「衆参両院合わせて150人」になったとするが、名前をすべて明らかにしたわけではないので、実態は不明だ。しかし、こうした動きを教団が強化しはじめる端緒となったのが、1986年だったのである。

## 「勝共推進議員134人を当選させた」

「思想新聞」は衆参同日選に向け、紙面で「保守圧勝を」「あなたにもできる選挙活動」と訴え、選挙事務所での手伝いや電話での投票依頼などを紹介し、選挙に自民党が圧勝すると「勝共推進議員130人が当選」と大々的に報じた。さらに、同紙は翌1987年1月、「当選後には一人ひとりに勝共理念の研修を受けてもらい、理解してもらった」との趣旨を記事で伝え、国際勝共連合は「150人の立候補者を支援し、134人を当選させた」と豪語していた。

それだけではない。文鮮明教祖の1956年から2009年までの53年分の説教を収めた発言録『文鮮明先生マルスム（御言《みこと》）選集』には、1988年2月18日の説教で飛び出した次のような生々しい言葉が残されている。
「一昨年（編註・1986年）の選挙当時に日本のカネで60億円以上使った。（略）お金を使わないといけない。これからは尋常ならざる時だ。国会の局面をうまくつかまなければいけないと思って（略）」「統一教会は怖いです。（編註・信者）40人なら1人を当選させられます。この人たちはいわば訓練された精鋭部隊です。（編註・信者）1人が何軒訪問できるかと言えば、最低300軒、最高記録が1300軒です」（173巻）
また、2004年9月16日にもこう豪語していた。
「中曾根の時は（略）、130人の国会議員を当選させ、20ある国会の委員会のうち、13の委員会の長は、私が立てた人になりました」（468巻）
統一教会は、勝共推進議員の選挙戦に際し、投票や選挙運動だけでなく、選挙事務所に信者を運動員として送り込んでいたばかりか、資金まで提供していたというのだ。こうして教団と自民党の保守系議員の相互依存関係は築かれていったのである。
両者の蜜月を裏付けるように、衆参ダブル選挙直後の1986年7月に開催された勝共推進国会議員激励会には多くの自民党議員が駆け付け、1988年2月の勝共推進議員新春懇談会では、安倍晋太郎元外務大臣がこう挨拶している。

「みなさんにはわが党同志をはじめ、大変お世話になっている」

さらに、1989年3月の勝共推進議員の集い、1990年3月の勝共推進議員の集いと続き、とくに、1990年の会合は衆議院総選挙の1か月後に開催され、中曾根元首相をはじめ、自民党を中心に150人の国会議員が参加している。一方、統一教会側に目を向けると、1989年に韓国で行なった説教で文鮮明教祖が「日本の政治」をテーマに取り上げ、日本の国会議員との関係強化に触れ、こう話していた。

「国会内に教会をつくる。（略）そこで原理を教育することで、すべてのことが可能になる」

1986年を契機にはじまった日本の与党政治家と統一教会の不適切な関係は、いまも続いている。「朝日新聞」のスクープ（2022年10月20日付）で明らかになったのは、2021年10月の衆議院選挙と、安倍晋三元首相の銃撃事件の直後に行なわれた2022年参議院選挙では、憲法改正、安全保障の強化、選択的夫婦別姓反対、同性婚反対といった極めて保守色の強い「推薦確認書」＝政策協定を多くの自民党議員と結び、その見返りに選挙で応援活動をしていた事実だった。

たとえば、後に文科大臣になった盛山正仁衆議院議員（兵庫1区、比例近畿ブロックで当選）は、世界平和連合（統一教会の友好団体）との間で「推薦確認書」を結んだ見返りに、信者10人から

20人が毎日朝8時から夜8時まで電話で有権者に支持を訴えたという。かつては国際勝共連合を通じて政治工作をしていたが、いまは世界平和連合である。ちなみに両組織の現在の会長は、いずれも梶栗正義《かじくりまさよし》だ。

## 永田町に食い込む「Fレディー」たち

1986年夏から、統一教会は国会議員の秘書に信者を送り込むことになる。だが、その実態が明らかになることはなかった。私は1991年3月から半年間、ジャーナリスト・山岡俊介の協力を得て調査を行なった。明らかになった教団信者の議員秘書は公設秘書が3人、私設秘書が5人だ。

統一教会員の公設秘書を雇っていた衆議院議員は、新井将敬《しょうけい》（自民党渡辺派）、東力《ひがしちから》（自民党渡辺派）、そして菅原喜重郎（民社党）の3人。このほかにも、労働大臣を務めた千葉三郎衆議院議員（自民党）の公設秘書として仕えた後、東力の秘書となり、さらに参議院議員の西川きよし（無所属）の秘書に転じた統一教会員もいた。

これらは氷山の一角にすぎない。国会議員の秘書には、議員が国費で雇い入れる公設秘書2人（第一秘書と第二秘書。現在は政策秘書も公設の扱い）のほかに、個人で雇い入れる私設秘書がいる。さらに取材を進めると、果たして予想通りの事実に突き当たった。複数の統一教会信者の証言から、新井将敬、高橋一郎、伊藤公介、平沼赳夫《たけお》、原健三郎の5人の自民党衆議院議員の私設秘書を教団信者が務めていたことがわかった。雇用した議員に、秘書が統一教会員との認識があったかどうかは判然としない。信者である証拠を突きつけたところで、「雇った時には知らなかった」と言われればそれまでだからだ。

それまでに突き止めた教団信者を秘書に雇っている議員のリストを石原慎太郎衆議院議員（自民党）に見てもらうと、驚くべき言葉が戻ってきた。

「こんなものじゃない。私設秘書だって数十人規模でいるよ」

私設秘書は、取材のハードルとなっていた。公設秘書は2人までと国会法で定められていたが（当時）、議員の裁量で採用し、費用を負担する私設秘書に人数制限はない。統一教会信者の秘書は、教団の命令ならたとえ無償でも寝食を忘れて懸命に議員に仕える。また、取材する側にとっては、私設秘書は永田町ではなく議員の地元選挙区で活動していることが多く、実態を把握するのが極めて難しかった。取材を進めると、このほかにも少なくとも2人の信者が国会議員の私設秘書になっていることが判明した。取材を進めるほど、教団信者の議員秘書に突き当たる。そんな印象を抱いたことを憶《おぼ》えている。

石原慎太郎議員は、自らも統一教会信者の秘書を雇っていたと語っていた。

「ある秘書が1枚の書類を持ってきて、サインするよう求めたんだ。それを読むと『私は文鮮明氏の教えに完全に共鳴し……』といった内容だったね。それにサインすれば、統一教会員が全面的に選挙を手伝い、秘書も送りますという。この書類にサインした人たちが、当選後、勝共推進議員として公表されているんだろう。私が雇っていた統一教会員の秘書は、後援会の支部長に、勝共連合の支部長になってくれと頼んだり、朝鮮人参エキスを売ったりと、勝手な行動もしていて、最後は不審な行動を目撃したので辞めてもらった。夜遅く事務所に電気がついていた。おかしいなと思って入ってみると、その秘書が書類を物色していたんだ」

文鮮明教祖とも面識のある右翼の大物・畑時夫は、私の取材にこう述懐した。

「怪しげな宗教なら警戒しただろうが、共産主義に反対するという一点で自民党議員などは警戒心もなく近づいていった。勝共ということで、日本の政治家は騙されたのだ。これが統一教会ということなら、政治家もこれほどまでは接近しなかっただろう。雇うほうも問題だが、日本の政治にかかわる国会議員の秘書にいろいろな方法で教会員を送り込む統一教会のほうが間違っている。けしからんよ」

一連の取材を行なったのは1990年ごろだが、いまも統一教会は国会議員のもとに秘書を送り続けていると見て間違いない。安倍銃撃事件以降、ある大臣経験者は私に「信者秘書はいますよ。優秀なんだ」と語った。「昔ほどではないが、いますよ」という古参信者もいる。安倍元首相の銃撃事件の後、自民党は所属議員379人に統一教会との関係を調査する「点検」を行ない、教団と何らかの接点がある議員が179人と、実に半数近くに上ることを発表した。しかし、この「点検」の中身は、単なるアンケート調査であり、議員の自己申告に依拠している。仮に教団と深い関係にあっても答えたくなければ回答しなければいい。この調査結果は関係を自ら認めた議員が179人ということを示しているにすぎず、そのまま受け取ることなどできない。ましてやこの調査には、信者秘書の存在を確認する項目はない。教団と関係を持つ自民党議員の数はもっと多いはずだ。

## 統一教会は信者の国会議員を生み出そうとしていた

「Fレディー」が議員秘書として永田町に侵食しはじめた1986年、統一教会は信者を国会議員として国政に送り込むことも画策していた。同年の衆議院議員選挙には黛敬子（埼玉2区）、細野純子（愛知6区）、そして阿部令子（大阪3区）の3人の女性信者を表向きは教団との関係を伏せて擁立している。結果は全員落選に終わったものの、阿部令子は初出馬にもかかわらず

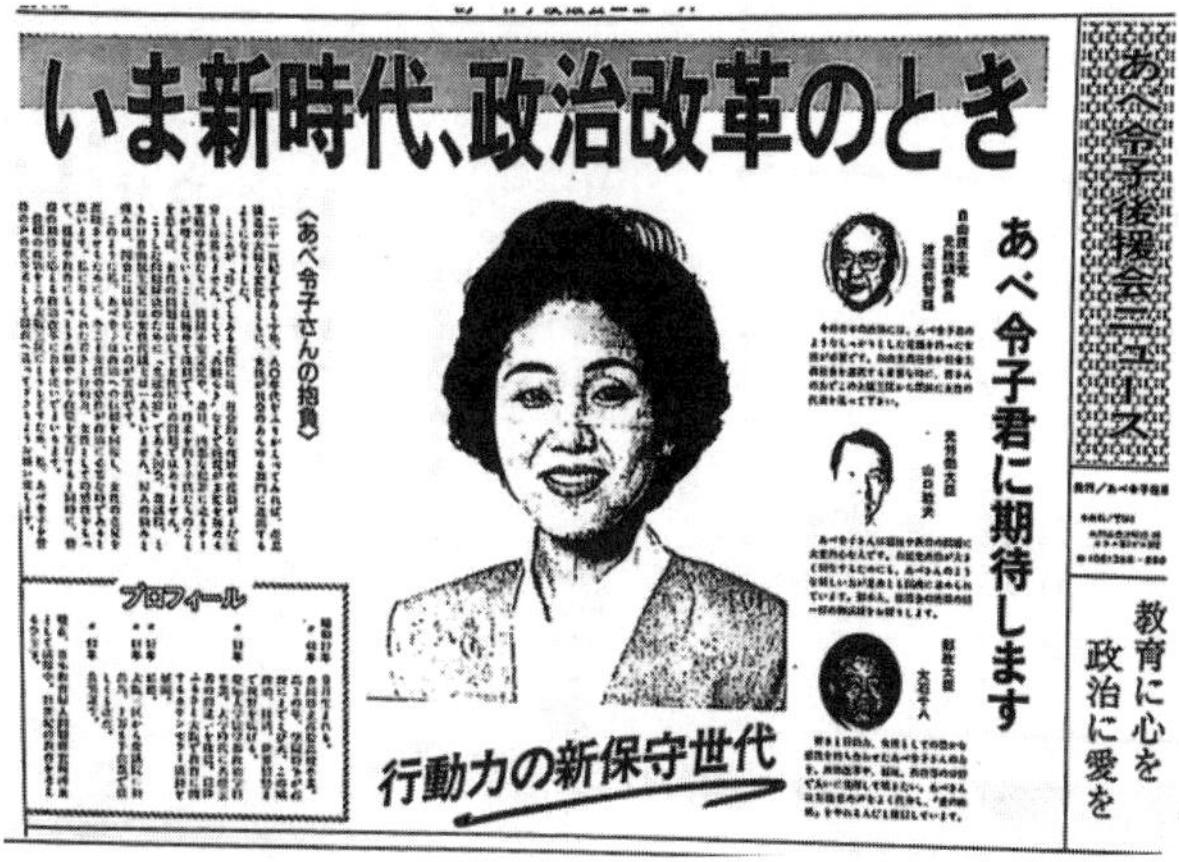


阿部令子の後援会のチラシ

7万5749票を獲得し、定数5の6位で次点になった。

その後、阿部は1990年の衆議院議員総選挙に出馬すると、選挙戦途中で自民党から追加公認を受け、同党で全国唯一の女性候補となったが、7万9102票で再び次点に終わっている。阿部は1988年7月から、自民党の大物代議士で大蔵大臣、厚生大臣などを務めた渡辺美智雄衆議院議員（1923〜1995年。中曾根派を継承して渡辺派領袖。長男は元衆議院議員、元参議院議員でみんなの党初代代表の渡辺喜美《よしみ》）の秘書として仕え、「ミッチー」（渡辺の愛称）の秘蔵っ子」などといわれており、渡辺本人もかなり熱を入れて阿部を応援していたことが、当時の「後援会のしおり」から窺える。

「あべ令子さんは、経歴、識見ともに、わが党が自信を持って公認する女性候補です。現在、自民党の衆議院には女性議員が一人もいません。次回こそ、よろしくお願いします」

1992年11月2日、大阪城公園に隣接し、豊かな水と緑に囲まれたホテルニューオータニ大阪の2階、西日本最大級の大宴会場「鳳凰《ほうおう》の間」では、高い天井で煌《きら》めく豪壮なシャンデリアの下に大勢の人が詰めかけていた。

催されていたのは「あべ令子と21世紀に羽翔《はばた》く大阪の集い」で、会費2万円のこの集会には1000人が参加した。司会を務めたのは、「阿部令子ちゃんとは古い古い付き合い」という安西愛子自民党元参議院議員、講演には自民党税制調査会長の武藤嘉文《かぶん》衆議院議員（渡辺派）が立った。予定では、渡辺美智雄副首相兼外務大臣が講演するはずだったが、臨時国会中のためビデオで約5分の挨拶が会場に流された。

当時、政治評論家だった高市早苗《さなえ》（現・自民党衆議院議員）の挨拶に、阿部は意気軒昂にこう応えた。

「私もね、ミッチーさんのお妾《めかけ》や言われましたし、（政界に）女性が出て行くのは大変なことなんです。誹謗《ひぼう》中傷があっても阿部令子は絶対やりますから」

渡辺美智雄衆議院議員や自民党が把握していたかはさておき、阿部令子は統一教会のれっきとした信者なのだ。韓国統一教会の内部誌「史報」（1982年12月号）には、ソウルの蚕室《チャムシル》体育館で行なわれた国際合同結婚式の参加者6000組の名簿が載っている。ここに「阿部武—藪野令子」との記述がある。藪野は阿部の旧姓だ。それだけではない。阿部がかつて霊感商法の霊能者役を演じ、高麗《こうらい》人参濃縮液と念珠を1000万円という法外な値段で売りつけていたことはほとんど報じられなかった。

「我々の言うことを聞く総理大臣をつくろう。そのために国会に入って勢力を広げる」

文鮮明はかねてより説教などでこう公言しており、14年ぶりの来日を果たした1992年には、兵庫県にある教団の宝塚修練所を訪れ、信者1000人を前に演説した。この1000人の中に阿部もいた。文鮮明は直々に「頑張れ」と激励していたのだ。

阿部令子の選挙戦には全国から600人ほどの信者が動員され、戸別訪問や電話作戦、ウグイス嬢や銀輪作戦（自転車で応援にまわること）などの活動が割り当てられた。運動員となった信者は寝食を忘れて猛烈に働く。もちろん無償だ。ほんの一例だが、戸別訪問の場合、朝は午前6時には出発し、夜も可能なかぎり遅くまで動き、午後11、12時になると駅頭で阿部の支持を訴えた。2時間に1回、獲得した票数を電話で選挙事務所に報告する義務が、運動員には課されていた。

統一教会の選挙運動は、違法行為も厭《いと》わない。阿部の選挙戦を手伝った元信者が、その実態を赤裸々に話す。

「選挙終盤には、自民党の別候補と共産党候補を誹謗する出所不明のビラが、上の組織から降りてきて、夜11時すぎから撒いたこともありました。朝の出発式に阿部さんがやってきて、『私は誹謗中傷されているが、お父様（文鮮明）のためにこの使命を全うしたい』『御父母様（文鮮明夫妻）の御名をとおしてお祈りいたします』と言ったのを聞きました」

阿部が統一教会の信者であることを察知した私や「朝日新聞」などがキャンペーンを張り、事実を明るみに出したため、その後、選挙に出馬することを断念したが、教団は本気で国会議員をつくろうとしていたのだ。

政治への接近、侵食を試みていたのは教祖・文鮮明だけではない。

当時、統一教会、国際勝共連合の初代会長の職にあった久保木修己も熱心な動きを見せていた。

1960年代、新宗教の創価学会が勢力を急拡大しており、1961年には国会議員の誕生をめざして公明政治連盟が創設される。1964年には公明党を結成し、翌1965年の参議院選挙で11人が当選を果たした。創価学会が国政で議席を得たのを目の当たりにした久保木は、政治の絶大な力を理解していた。教団に計り知れないメリットをもたらす自前の国会議員を生み出そうとしたのは、当然だったのである。

## 「空白の30年」

統一教会が政治に侵食しようとする姿勢は、その後いささかも変わることはなかった。

1992年8月、韓国・ソウルのオリンピックスタジアムで開催された統一教会の国際合同結婚式には、タキシードと純白のウェディングドレスに身を包んだ3万組のカップルが参加し、異様な熱気に包まれていた。合同結婚式とは、人が生まれながらに背負った「原罪」を贖《あがな》うためには、教祖・文鮮明が7代前まで遡って先祖の因縁を霊視して選んだ相対者（統一教会では、教祖が選んだ結婚相手をこう呼ぶ）と結婚しなければならないという、教団の教えの中でももっとも重要な宗教儀式のひとつだ。

信仰を一にする信者同士といえども、見ず知らずの男女が「神」の名の下、生涯の伴侶を決められるという、世間からすれば異様なセレモニーに注目が集まったのは、元アイドル歌手で、当時映画やドラマに引っ張りだこだった女優の桜田淳子（1993年に芸能活動を休止）や、ロサンゼルス五輪で8位に入賞し「新体操の女王」と呼ばれた山﨑浩子（1993年4月に脱会）、バドミントンの元日本王者・徳田敦子が、合同結婚式の開催前に参加を表明していたからだった。統一教会は3人を「祝福三女王」と名付け、広告塔として利用しようと目論んでいたこともあり、芸能マスコミは連日大きく報じた。教団もそれを狙っていた。だがテレビのワイドショーや「週刊文春」などは、強引な勧誘や高額献金、壺《つぼ》や印鑑などを売りつける悪質な霊感商法などの教団の暗部を改めて報道、社会問題化していく（ただし、新聞やテレビニュースなど一般のメディアはほぼ報道しなかったことも記憶されておいてよい）。

ところがその後、統一教会への関心は薄れていくことになる。国際合同結婚式に関する報道は過熱し、ワイドショーなどで連日取り上げられたが、1993年をピークに急速に冷めていき、統一教会に関する報道量は激減していった。代わりにメディアの注目を集めたのが麻原彰晃《しょうこう》を教祖に戴くオウム真理教だった。

1989年に宗教法人の認可を受けたオウム真理教は、出家信者に全財産をお布施させたり、麻原の頭髪や血液、入浴した風呂の残り湯などを高額で販売するなど、多額の資金を集めて教勢を拡大していった。「サンデー毎日」（毎日新聞社）は「オウム真理教の狂気」と題した告発記事を同年に7週間にわたって連載、ワイドショーも頻繁に追及報道したが、当時隆盛を極めたニューアカデミズムの旗手とされた文化人類学者・中沢新一や宗教学者・島田裕巳《ひろみ》がオウム真理教を称賛すると、メディアも賛同するような報道に転じ、多くの媒体が麻原彰晃教祖をあたかもスターやアイドルのように取り上げはじめた。

ちなみに中沢は「僕が実際に麻原さんに会った印象でも、彼はウソをついてる人じゃないと思った。むしろいまの日本で宗教をやっている人の中で、稀《まれ》にみる素直な人なんじゃないかな」（「週刊ポスト」小学館、1989年12月8日号）と語り、島田は教団がサリンを製造していた第7サティアンを見学して「宗教施設であることはまちがいなかった」（「宝島30」宝島社、1995年3月号）と語っていた。

だが、オウム真理教は坂本弁護士一家殺害事件や出家信者の殺害など、数々の凶悪事件に手を染めていた。1989年には真理党を結党して、1990年の衆議院議員総選挙に麻原や教団幹部ら25人が立候補するが、全員が落選すると、これを契機に教団は武装化路線に舵《かじ》を切る。そして、1994年に松本サリン事件、1995年に地下鉄サリン事件を引き起こす。地下鉄サリン事件では死者は14人、負傷者は約6300人と未曽有の被害を出し、オウム真理教の報道量はピークに達した。

一方、オウム真理教の陰に隠れた統一教会は、間隙を縫う形で着々と政治に接近し、その庇護を受けながら、霊感商法や強引な勧誘などの活動に邁進《まいしん》していた。教団の暗部が再び照射されるのは、安倍晋三元首相銃撃事件を契機に自民党の国会議員との深い関係が大々的に報道されることになる2022年を待たなければならなかった。統一教会の報道がほぼなされなくなった「空白の30年」が、教団のなりふり構わない活動を許してしまったのである。その意味で、メディアの責任は極めて重いと言わざるをえない。

## 警視庁公安部の極秘資料

地下鉄サリン事件の発生から2か月後の1995年5月、山梨県上九一色村《かみくいしきむら》（現・富士河口湖町《ふじかわぐちこまち》）の教団本部に大規模な強制捜査が入り、教祖の麻原彰晃をはじめ多くの幹部が逮捕された。10月に東京地裁が宗教法人法上の解散命令を下してしばらくすると、オウム真理教への世間の関心は失われていく。その陰に隠れていた統一教会は、その存在さえ忘れられてしまったかのようだった。

そんな状況下の1999年、「週刊現代」（2月27日号）が「スクープ！　公安の極秘資料入

手　現職国会議員128人の『勝共連合・統一教会』関係度リスト」と題する特ダネを放った。

同誌が入手したのは、警視庁公安部が1993年9月に作成した極秘資料だ。記事では、警視庁公安部関係者が作成の経緯を以下のように明かしている。

「この極秘資料は、'93年6月の東京都議選で、勝共連合に1000万円を渡して票の取りまとめを依頼した都議候補の、選挙違反の摘発の際に押収した資料がもとになっている。勝共連合の幹部ら5人を逮捕し、その中央本部や東京本部をガサ入れして押収したものの中に、勝共議員に関する資料やフロッピーがあった。それをもとに、公安が整理・分析してまとめたのがこの資料です」

「勝共推進議員名簿（衆・参）」と題したB4サイズ9ページの文書は、自民党を中心とする衆参両院議員249人の実名と活動の状況、国際勝共連合への貢献度などが一覧表の形で収められていた。当時の衆議院議員の定数は511人、参議院は252人。公安の極秘資料にある数字が事実なら、国会議員の定数763人のうち、実に3分の1が国際勝共連合に浸透されていたことになる。

さらに、この資料には、公安部が勝共連合から派遣されたことを確認した議員秘書43人の実名と所属する国会議員事務所が明記されていた。

「勝共推進議員名簿（衆・参）」は主に8つの資料を基にしている。①「『勝共推進議員』（1990年4月1日現在）」は、国際勝共連合の趣旨に賛同し、その活動に協力を表明した議員のリストだ。②「『1988年勝共推進議員教育報告書』（1988年12月19日現在）」は、当時も大きな批判を呼んでいた統一教会の「原理教育」を、その議員が受けたか否かを示す書類だ。教育は主として韓国で行なわれたという。

③「『1988年総支部活動報告書』（1988年12月15日現在）」、④「『支部結成』貢献ランク（A～D）」は、国際勝共連合の支部結成や、すでに結成されている支部の活動に何らかの貢献をした議員のリストだ。

⑤「安保セミナー参加者」は、「反共」を念頭に「日米安保のあるべき姿」を考える名目で、国際勝共連合が主催したセミナーに参加した議員のリスト。⑥「勝共推進議員の集い（3月6日）出席者結果」は、国際勝共連合の友好議員の懇親会に出席した議員のリスト。⑦「『世界平和連合』設立発起人」は、文鮮明が総裁を務める世界平和連合の設立発起人に名を連ねた議員のリスト。そして、⑧「旧ソ連共産党からの財政支援疑惑に関する請願紹介議員」は、旧ソ連共産党が外国の友好党や組織に秘密裏に資金援助していた情報を、国際勝共連合が入手する際に協力した議員のリストだ。これら計8点に基づく極秘資料には備考欄があり、議員によっ

ては特記事項が記されていた。

「週刊現代」の記事では、1999年当時、現職にあった国会議員128人をリストアップして掲載し、前述の①〜⑧の極秘資料の情報などが一覧にまとめられていた。

驚くのは、当時、現職の小渕《おぶち》恵三首相のほか、与謝野馨《よさのかおる》通産大臣、高村《こうむら》正彦外務大臣、関《せき》谷《や》勝嗣《かつつぐ》建設大臣・国土庁（現・国土交通省）長官と、小渕内閣の閣僚3人の名がリストにあることだ。それどころか、首相経験者の名前も複数人記されていた。なかでも、中曾根康弘元首相は国際勝共連合の友好議員に位置付けられており、備考欄には「統一グループに貢献」と特記されている。ほかにも、竹下登元首相、橋本龍太郎元首相、羽《は》田孜《たつとむ》元首相らの名もリストアップされていた。

記事では、元閣僚の公設秘書として3年間活動した元統一教会員の証言も掲載している。

「勝共には『まず秘書として食い込め。食い込んだら議員の秘密を握れ。次に自らが議員になれ』という文鮮明の指示がでている。それで、どんどん秘書が送り込まれているんです。このリストにはないが、実は橋本さん（編註・龍太郎元首相）にも二人ついています。現在も私設秘書を務める地元・岡山のO氏と東京のY氏が統一教会員です。橋本さんは、かつて日本の統一教会の会長だった久保木修己氏と顔を合わせると、『やあ、久保木さん』といいあうような親密な関係でした。勝共の支部大会などにも、よく祝電をくれました」

「勝共推進議員名簿（衆・参）」には、後に首相となる森喜朗自民党幹事長や小泉純一郎前厚生大臣、同じく後に衆議院議長に就く細田博之元経済企画庁政務次官など、後の清和政策研究会の重鎮議員の名が並ぶ。岸信介から3代にわたって統一教会や国際勝共連合と深い関係にあった安倍晋太郎元外務大臣、その子息である安倍晋三の名がこのリストに見当たらないのは、1990年当時、晋三は父親の議員秘書を務めており、まだ議員にはなっていなかったからだ。父・晋太郎は衆議院議員の職にあったものの、端的に言えば政治家としての影響力が著しく低下していた。

1986年、「福田派のプリンス」として鳴らしていた安倍晋太郎は清和会会長に就任し、派閥の領袖となる。自民党の次期総裁選をめぐっては、党総務会長の安倍、経世会で党幹事長の竹下登、そして宏池会《こうちかい》で大蔵大臣の宮澤喜一が意欲を見せていたが、彼ら「ニューリーダー」の中でポスト中曾根の最有力と見られていたのは安倍だった。ところが1987年、党総裁を禅譲することによって影響力を残したい中曾根首相は、総裁選の実施を阻むためにさまざまな情報を流して党内を攪乱《かくらん》。3候補による話し合いで次期総裁を決めることになったが、結局、まとまらず総裁に一任されることになる。そして、中曾根が後継に指名したのは竹下だった。

この「中曾根裁定」によって首相の椅子を逃した安倍は失意の中にいた。追い討ちをかけるように、1988年に発覚した戦後最大の贈収賄疑獄「リクルート事件」に秘書が関与していたことが明るみに出たため、自民党が「1年間、もしくは次の総選挙まで党の役職を辞退する」と定めた内規により政治活動を控えることを余儀なくされた。さらに、翌1989年には膵臓《すいぞう》がんの手術のために長期入院を強いられることになる。その後、病状が快方に向かうことはなく、1991年に67歳の若さで死去した。こうした経緯から安倍晋太郎は「悲運のプリンス」と呼ばれたが、子息の晋三が統一教会に大きな遺恨を持つ山上徹也の凶弾に倒れてこの世を去ったのも、また67歳の時だった。

## 安倍3代と教団とのただならぬ関係

70年安保前夜、日本で左派勢力が伸長し、これを抑え込みたい岸信介元首相と政治への接近を目論む統一教会の利害が一致し、自民党を中心とする保守系国会議員と教団の蜜月がはじまった。その後、教団は岸の娘婿の安倍晋太郎に接近し、首相に擁立しようと画策していた。ところが、70年代から80年代にかけて、教団の原理運動や国際合同結婚式、極めて違法性が高い霊感商法が社会問題化し、1984年には「朝日ジャーナル」が「原理運動追及」と銘打ち、統一教会批判キャンペーンを展開するなど、教団に対する世間の風当たりが強まっていった。こうした逆風の中で、統一教会と自民党を中心とする国会議員との関係強化の契機となったのが、1986年に中曾根康弘首相が踏み切った衆参ダブル選挙だった。

自民党の中でもとくに強固な関係を築いたのが清和政策研究会であり、後に首相となる安倍晋三だった。

「この信頼関係ができたのは、一朝一夕の話ではないんです」

2021年10月、東京・渋谷の高級住宅地の松濤《しょうとう》、統一教会渋谷教会で国際勝共連合会長を務め、教団の関連団体・UPF(天宙平和連合)ジャパン議長でもある梶栗正義はこう話し、岸信介、安倍晋太郎、安倍晋三に連なる安倍ファミリーとの関係を強調した。梶栗の言葉通り教団と安倍3代とのかかわりは実に半世紀以上にも及び、統一教会は政治との深い関係を事あるごとに大々的に、しばしば誇大に喧伝《けんでん》し、教勢拡大に利用してきたのだ。

岸が首相を退くとやがて後継の福田赳夫は清和会を結成し、統一教会との関係も引き継がれる。岸もまた教団との関係を維持し、1985年に韓国で開催された国際勝共決起大会に「私のもっとも尊敬する一人である文先生は、民族を越えアジアと世界のために粉骨砕身、努力してこられました」と、文鮮明教祖を称賛するメッセージを寄せた。

1987年8月、岸が逝去すると同年10月に自民党幹事長に就任した安倍晋太郎の記事が、国際勝共連合の機関紙「思想新聞」に頻繁に掲載されるようになる。次期首相の最右翼と目されながら1991年に晋太郎が悲運の死を遂げると、「思想新聞」は1面に「勝共推進でも先頭に」「陰に陽に本連合に対し支援、助言を行ってきた」などと追悼する評伝をデカデカと載せる肩の入れようだった。

1993年、晋太郎の後を継ぎ、安倍晋三が衆議院選挙で初当選を果たすと、小泉純一郎政権で官房副長官、党幹事長、官房長官などの要職を歴任し、政治家として着実にキャリアアップしていく。もちろん、統一教会との関係も継承され、官房長官在任中の2006年にはUPFの会合に祝電を送った。この年9月に首相になるが、体調悪化によってわずか1年で辞任。2009年には民主党に政権を奪取され、自民党は下野した。その後、2012年に自民党が政権に復帰、安倍晋三は首相に返り咲くと、国際勝共連合系の雑誌「世界思想」の表紙をたびたび飾るようになる。同誌2018年6月号の特集記事「歴代内閣を格付けする」では、第1

次から第4次にわたった安倍内閣を、吉田茂、岸信介、中曾根康弘の内閣と同じ最高評価のAランクに格付けし、「僅か1年で夥しい実績を上げ退場した第1次安倍政権」「日米同盟基軸の外交とアベノミクスで存在感示す」などと手放しで称賛した。

## 「中曾根も福田も、首相にしたのは私」

統一教会が、1956年から2009年に教祖が韓国で信者に対して行なった説教を収録した『文鮮明先生マルスム選集』を発行していたことはすでに触れた。「マルスム」とは御言のことだ。各巻は約300〜400ページ、全615巻に及ぶ大著は韓国語で記され、2012年まで刊行されていたが絶版となり、入手は困難になっている。ところが、日本の教団広報部が「御言選集で間違いないが、不法転載されている」と指摘するウェブサイトで約20万ページが公開されていた。

文鮮明の発言録には、統一教会が勢力拡大のために日本の政界に接近していたことを窺わせる記述が多数見受けられる。とくに重視していたのが「安倍3代」と清和政策研究会との関係だった。2004年の説教で、文はこう明かしている。

「岸首相（編註・の時代）から、私が（編註・日本の政界に）手を出した」（451巻）

また、国際勝共連合の設立についてはこう豪語していた。

「日本の政界の有力者である岸信介という人が日本で信望がいいので、笹川のじいさんと組ませて、私たちの計画通り踊らせておいたのです」（160巻）

「笹川のじいさん」とは、元日本船舶振興会会長で右翼の大物の笹川良一のことだ。莫大な補助金を武器に政財界に強い影響力を持ち、児玉誉士夫と並んで「日本の首領」「政界のフィクサー」と称された笹川を「じいさん」呼ばわりするほど、文鮮明の画策は意のままに進んでいたのだろう。発言録からは、岸信介首相以降も統一教会との深い関係が、後任の首相たちに引き継がれていったことが窺える。

「中曾根（編註・康弘）を首相にしたのは私です。福田（編註・赳夫）を首相にしたのも私です」（538巻）

中曾根政権の後を担う次期首相と大方が見ていた安倍晋太郎元外務大臣については、驚くべき発言を残していた。

「安倍晋太郎は私と契約書まで書いたのです。これを発表したら、世の中がひっくり返ります。その約束が何かというと、自分が首相になったら80人から120人の国会議員を連れて漢南洞《ハンナムドン》（編註・文氏の自宅）を訪問するというものです」（273巻）

ところが、前にも述べたように1987年10月の自民党総裁選で、「中曾根裁定」によって後継に指名されたのは竹下登だった。激怒した文鮮明はこう言い放った。

「中曾根は私を裏切りました。（略）本来は中曾根が中心になって安倍晋太郎という人が首相になることになっていました。ところが、安倍が5分もあれば首相に当選できたのに、200億で売られたんです」（212巻）

韓国で誕生した一介の宗教団体の教祖が、外国である日本の首相の人事に影響力を行使したとは考えにくい。ただ、統一教会がこれまでもそうしてきたように、大物政治家との関係をアピールすることで教勢拡大に利用するなど、教団が受けたメリットは計り知れないほど大きかったのもたしかだ。教祖の大言壮語を差し引いても、この発言録は「安倍3代」と統一教会の蜜月が長きにわたって続いてきたことを示唆している。

「毎日新聞」の取材に応じた多くの自民党関係者は、統一教会ともっとも深くつながっていたのは安倍ら清和政策研究会だと証言している。

「安倍さんは統一教会とのかかわりにおいては、親玉みたいな存在」

ある自民党議員のこの言葉が、両者の強固な関係を端的に物語っている。私が官邸最高幹部から聞いた発言と同じだ。

## 教団の名称変更の不可解な経緯

清和政策研究会と統一教会の関係の近さと底知れぬ闇の深さが如実に表れたのが、第2次安倍政権下で許可された「世界平和統一家庭連合」への名称変更だ。

1995年にオウム真理教が地下鉄サリン事件を起こし、社会の関心が統一教会から離れたことはすでに述べた。統一教会の危険性を監視し、世論を喚起すべきメディアの報道がほぼなくなった「空白の30年」がはじまったのを好機と見たのか、1997年に教団は文部省（現・文部科学省）に「世界平和統一家庭連合」への名称変更を申し出る。

韓国をはじめ、海外ではすでに教団は名称を変更していたが、日本ではこの申請が一蹴された。当時、宗教法人を所管する文化庁の宗務課長を務めていた前川喜平元文科事務次官は、その経緯をこう述懐した。

「宗務課のなかで議論した結果、実態が変わっていないのに名前だけ変えることはできない、となった。当時、『世界基督教統一神霊協会』という名前で活動し、その名前で信者を獲得し、その名前で社会的な存在が認知され、訴訟の当事者にもなっていた。その名前を安易に変えることはできない。実態として世界基督教統一神霊協会で、『認証できないので、申請は出さないで下さい』という対応をした。相手も納得していたと記憶している」

つまり、文化庁は統一教会の名称変更申請を「別の団体に見せかけようとするため」のものと見ていた。申請を受理しなかったのは所管官庁として当然の判断であり、統一教会側が本当に納得していたかどうかは定かではないものの、この後しばらくの間、名称変更の申請が出されることはなかった。

ところが、第2次安倍政権下の2015年、教団が再び名称変更を申請すると、文部科学省は名称変更申請の書類が整っているからという理由で一転してこれを認めてしまう。宗教法人を所管する文化庁の上級官庁である文部科学省のトップは、清和政策研究会に所属する下村博《しもむらはく》文《ぶん》大臣だった。

当時、文部科学審議官を務めていた前川は、この時の様子を懐疑的に振り返っている。

「当時の宗務課長から突然、『統一教会の名称変更を認証することになった』と報告を受け、『認証すべきではない』と意見を述べた」「その時の宗務課長の困ったような顔を覚えている。私のノーよりも上回るイエスという判断ができるのは誰かと考えると、私の上には事務次官と大臣しかいなかった。ただ、いくら事務次官といえども、こうした政治的な判断を下すことは恐ろしくてできません。何らかの政治的な力が働いていたとしか考えられない」

「当時の下村博文文部科学大臣まで話が上がっていたのは、『報告』したのではなく、『判断や指示を仰いだこと』と同義だ。当時の下村文科大臣はイエスかノーか意思を表明する機会があった。イエスもノーも言わなかったとは考えられない。結果としては、イエスとしか言っていないはずだ。下村さんの意思が働いていたことは100％間違いないと思っている」

統一教会のように、複数の都道府県に宗教施設を持つ宗教団体が名称変更するには、文部科学大臣宛てに文化庁に申請を行ない、認証を得る必要がある。文化庁は、名称変更の申請が法律などに適合しているかどうかを審査し、認証の可否を決定する。

統一教会の名称変更が許可された経緯で不可解なのは、文部科学大臣に報告している点だ。

通常、この手続きは部長の決裁で済むので大臣に報告しないが、教団からの申請は「社会的に注目度の高い法人だったので」、当時の担当者が下村大臣に報告していたのだ。安倍元首相の死後、多額の寄付を信者に事実上強要していた事実など、教団の実態が大きく報道されると、この名称変更は厳しい批判に晒《さら》される。ところが、渦中の下村は「そんな報告は受けていない」と一切の関与を否定したのだ。

だが、2015年当時、参議院議員だった私は文化庁に事実確認をしていた。文化庁宗務課には「大臣に報告した」という記録文書が残っており、この事実を明らかにすると、下村はこれまでの見解を一変させる。
「文化庁の担当者からは『旧統一教会から18年間にわたって名称変更の要望があり、今回、初めて申請書類が上がってきた』と報告を受けていた。担当者からは、『申請に対応しないと行政上の不作為になる可能性がある』と説明もあったと思う。私が『申請を受理しろ』などと言ったことはなかった」

言い方は異なるものの、自らの関与を改めて否定したにすぎない。要するに、下村は「報告は聞いたが、中身は知らなかった」「申請の受理についても可否の判断はしていない」と言っているわけだが、あからさまな逃げ口上であることは誰の目にも明らかだろう。

奇妙なことに、当時の文化部長も「下村大臣から何ら指示などはなかった」と主張を変えたのだ。口裏を合わせたかのような発言の変遷には呆《あき》れるばかりだが、そうせざるを得ない理由が下村にはある。

名称変更の申請が認められる前の2013年、下村は統一教会系の出版社である世界日報社の月刊誌でインタビューを受け、教団系の日刊紙「世界日報」でも2年間に3回もインタビュー記事が掲載された。さらに、教団系の政治団体・世界戦略総合研究所で講演を行ない、20

16年には代表を務める政党支部が世界日報社社長から6万円の献金を得ていた。下村と教団の関係が浅からぬものだったのは明らかだ。２００９年の衆議院選挙で、下村を支援したとの元信者の証言もある。

統一教会の名称変更が認められる前、全国霊感商法対策弁護士連絡会（全国弁連）は、教団による霊感商法や献金の強要などのトラブルが相次いでいるため、名称変更を許可しないよう繰り返し求めていた。ところが、「世界平和統一家庭連合」という、一見して宗教団体とはわからない名称への変更が認められてしまった。

全国弁連の川井康雄弁護士は、名称変更に潜む問題をこう指摘している。

「統一教会であることや宗教団体ということを隠して教義を広げ、信者にするという方法を取っていたが、それに拍車をかけたのが名称変更だった」

この名称変更によって、統一教会の被害者が増えたのは間違いない。そして、被害拡大を実質的に助長したのが、安倍政権と清和政策研究会だったのである。

## 中曾根首相も政界工作の標的

『文鮮明先生マルスム選集』で、教祖自らが日本の政界に深くコミットしていた事実を明かしていた。「毎日新聞」がこの発言録を丹念に分析し、地道な調査報道をしている。

「旧統一教会、教祖発言録（その1）」（2023年1月31日付）によれば、日本の歴代首相への言及を調査したところ、その数は計1330回に上ったという。調査の対象となった政治家は、韓国で教団が設立された1954年当時、首相を務めていた吉田茂から現職の岸田文雄までの歴代首相、さらに首相経験はないが教団との関係が深い安倍晋太郎元外務大臣の32人だ。

結果は、やや意外なものだった。

計1330回の言及のうち、突出して多かったのは中曾根康弘の693回。2位の岸信介の188回の3倍以上と大きく引き離している。3位は岸の娘婿である安倍晋太郎の180回。4位は清和会を創設した福田赳夫の139回。以下、5位・小泉純一郎（84回）、6位・田中角栄（48回）、7位・佐藤栄作（40回）、8位・竹下登（35回）が続き、2006年から2007年にかけて、短命に終わった第1次政権を率いた安倍晋三は9位（34回）だった。

「毎日新聞」が作成した『文鮮明先生マルスム選集』中の「歴代首相の言及ランキング」を引用する。

「歴代首相の言及ランキング（敬称略）

※★は首相経験者ではない

①中曽根康弘　693回　②岸信介　188回　③安倍晋太郎　180回★
④福田赳夫　139回　⑤小泉純一郎　84回　⑥田中角栄　48回
⑦佐藤栄作　40回　⑧竹下登　35回　⑨安倍晋三　34回
⑩細川護熙《もりひろ》　18回　⑪宮沢喜一　13回　⑫海部《かいふ》俊樹　9回
⑬森喜朗　7回　⑭三木武夫　6回　⑮池田勇人　4回
⑮宇野宗佑《そうすけ》　4回　⑰橋本龍太郎　3回　⑱吉田茂　2回
⑱大平《おおひら》正芳　2回　⑳小渕恵三　1回」

このランキングからは、いくつかの傾向が読み取れる。岸、安倍親子、福田、小泉など自民党清和政策研究会へと連なる政治家への言及が多いが、中曾根への言及は清和政策研究会関係者へのそれを凌駕《りょうが》している。一方で、旧民主党政権で首相を務めた鳩山由紀夫、菅《かん》直人《なおと》、野田佳彦《よしひこ》への言及はただの一度もない。

中曾根は1947年の衆議院選挙に日本民主党から出馬して初当選以降、連続20回当選。1955年の保守合同で結党した自民党（自由民主党）に合流し、反吉田（茂）派の急先鋒の河野《こうの》一郎を領袖に戴く河野派に参加する。1959年、岸内閣で科学技術庁（現・文部科学省）長官として初入閣を果たすと、佐藤栄作内閣では運輸（現・国土交通）大臣、防衛庁（現・防衛省）長官、党総務会長などを歴任した。河野の死後、中曾根派を結成し政権をめざし、自民党総裁選で不利な小派閥を率いながらも「政界の風見鶏」と呼ばれた政局への抜群の嗅覚を発揮する。1982年の総裁選では田中角栄元首相の支援を取りつけて圧勝し、首相に就任。その後、5年間にわたり首相に在任し、戦後第5位の長期政権を担った。

2019年に101歳で死去し、日本の勲章の最高位である大勲位菊花章頸飾《けいしょく》を授与され、翌2020年には菅義偉《すがよしひで》首相が葬儀委員長を務めて「内閣・自民党合同葬」が営まれたほどの自民党の重鎮である。

政治家としては、ロナルド・レーガン米大統領と強固な「ロン・ヤス関係」を築き、日米同盟を強化した。対ソ連を睨み日本列島を反共の防波堤とする「不沈空母」発言が専守防衛からの逸脱だとして物議を醸したように、対米関係を重視し、自由主義陣営の一員として共産主義勢力に対峙する姿勢が顕著だった。

## 「中曾根の野郎が裏切った」——中曾根裁定

中曾根首相のタカ派的政治姿勢は、頑強な反共主義者の文鮮明と相性がいいようにも映る。文はなぜ、より関係が長く深い「安倍3代」よりも遥《はる》かに多く中曾根について言及していたのか。

統一教会が政界への接近を再び強化した1986年の衆参ダブル選挙に、教団は「60億円以上」(『文鮮明先生マルスム選集』173巻)の資金を投じて、自民党を中心とする勝共推進議員を支援した。選挙後、国際勝共連合の機関紙「思想新聞」が初めて「勝共推進議員」130人の存在を明かした。自民党を圧勝に導いた中曾根はその功績により、党総裁任期が1年間延長される異例の措置により、首相を続投することになった。権謀術数を駆使して政争に勝利した中曾根に、統一教会は一層の接近を図る。狙いは、安倍晋太郎首相の誕生だ。

ところが、文鮮明の思惑は挫《くじ》かれる。1987年の総裁選で安倍晋太郎、竹下登、宮澤喜一の3候補のうち、「中曾根裁定」によって後継に指名されたのは、文と関係が深い安倍ではなく竹下だった。教祖が説教の中で口汚く罵った恨み節が発言録に残されている。

「中曾根の野郎は今回、裏切ったけれども……。韓国の政治的な風土に大きな損失をもたらした。あいつが竹下を推していなかったら、安倍が首相になったはずだった」(173巻)

文鮮明の怒りはなかなか収まらなかった。1991年2月2日にはこう語っている。

「中曾根の野郎が、私の世話になりながら、私に嘘《うそ》をついて日本の国会を駄目にした」（214巻）

10年以上を経た2004年7月31日にもこんな言及をしている。

「（編註・安倍晋太郎は）自分が首相になるためには、夜も眠らずに中曾根の金玉を握って寝なければならないのに、勝手をして売られました。中曾根の後継者は誰になったっけ？　竹下か誰か」（463巻）

文鮮明の演説は、ハングルではなく日本語で語る時、矛盾する内容がしばしばふくまれる。ともあれこうした怨嗟《えんさ》の言葉が繰り返されたため、発言録で中曾根への言及が突出して最多となったのだ。

だが、文鮮明は安倍晋太郎の首相擁立を諦めていなかった。1989年には、安倍が会長を務める清和会を中心に国会議員との関係を強化するよう、信者に説教をしている。一方で中曾根との深い関係も続けていたのである。

# 第4章　統一教会の北朝鮮人脈

## 金日成生誕80年式典で「文鮮明」の人文字

1994年7月8日、北朝鮮の金日成国家主席が82歳の生涯を閉じた。

朝鮮中央テレビの看板女性アナウンサーで、2022年には金正恩《キムジョンウン》総書記から高級アパートをプレゼントされたことが日本でも報じられたリ・チュニが威厳を感じさせる独特の低いトーンで「偉大なる首領様」の功績を称《たた》えた。

「主席の築き上げた偉業は、歴史とともに千年万年輝き続けるだろう」

全土が喪に服し、人民が悲嘆にくれ、7月11日に国葬が行なわれた首都・平壌の万寿台《マンスデ》には朝鮮各地から多くの人々が集まり、跪《ひざまず》くと地面を叩きながら泣き崩れた。

金日成が死去した直後、北朝鮮の指導部は統一教会の文鮮明教祖に葬儀出席への招待状を送っていた。これを受けて文鮮明は同月12日に中国・北京《ペキン》の北朝鮮大使館に弔花を届け、13日には文の最側近で韓国「世界日報」の朴普熙《パクボヒ》社長が金日成の死去後、韓国人として初めて北朝鮮を訪れた。

社会主義国家の最高指導者・金日成と、徹底した反共主義を貫き、社会主義とは相容《あいい》れないはずの文鮮明が、なぜ関係を保ってきたのか。

金日成が存命の1992年4月15日、首都・平壌の中区域にある金日成競技場は、熱気に包まれていた。「偉大なる首領様」の生誕80年を祝うため、収容人員公称10万人のスタンドはもちろん、フィールドも人民が埋め尽くし、大規模でありながら一糸乱れぬマスゲームが披露された。プログラムが進み、愛国者を称える踊りが行なわれると、スタンドには日本植民地時代の独立運動の闘士など8人の朝鮮人の名前が、人文字で鮮やかに浮かび上がる。そして、最後に現れたのは、驚くことに「文鮮明」の3文字だったのだ。

この人文字を額面通りに受け取ることはできない。当時は、東西冷戦がアメリカ率いる西側陣営の勝利で終わり、ソ連が崩壊、社会主義陣営は国際社会で苦境に立たされ、経済的にも追い詰められていた。北朝鮮も例外ではない。日本円で1億円以上の献金を北朝鮮にした人物がリストに記載され、愛国者として称えられるという。「文鮮明」の人文字も愛国者を称えるためのものではなく、経済に窮した北朝鮮が外貨獲得の手段のひとつとして利用したのだろう。

## 北朝鮮に経済進出し、国営ホテルを買収

北朝鮮と統一教会のつながりはこれにとどまらない。

平壌の順安《スナン》国際空港から20分ほど車を走らせると、首都を東西に横切る大洞江《テドンガン》の支流である普通江《ポトンガン》の畔に建つ普通江ホテルに着く。1973年に竣工した9階建て、約170室を擁する普通江ホテルは、極左過激派の共産主義者同盟赤軍派が1970年に日航機を乗っ取り、北朝鮮に渡った日本初のハイジャック事件「よど号事件」の犯人グループが事務所を構えていたことでも知られる。いうまでもなく、社会主義国家の北朝鮮ではすべてのホテルは国営だが、1993年に「マダム朴《パク》」の異名を持つ在米韓国人の朴敬允《パクギョンユン》会長が金剛山国際グループとして経営権を買収したのだ。

朴敬允は1935年、韓国・忠清北道《チュンチョンブクト》で6人きょうだいの次女として生まれた。ソウルの水道女子高校を卒業後、韓国の伝統民謡や舞踏を披露する「コリアハウス」で働きながら夜間大学で政治・外交を専攻した。コリアハウスの客は、在韓米軍の軍属が目立ったが、中でも羽振りを利かせていたのがアメリカ留学経験を持つ韓国人だった。

政治家を志していた朴敬允は渡米し、1959年にカンザス大学新聞学科に入学。1962年にはオクラホマ大学に移り、会計学を修め、ここで知り合った韓国人留学生と結婚する。1970年、日本からロサンゼルスに移住してきた民団（在日本大韓民国民団）系の財界人・朴魯《パクノ》貞《ジョン》の秘書となり、前夫と離婚した朴敬允は朴魯貞と再婚した。その後、夫が死亡して受け取った50億円の遺産を基に、実業家として歩みはじめる。

この買収劇にはどんなカラクリが潜んでいたのか。

金剛山国際グループが平壌に現地法人を設立したのは1987年。1993年には、平壌市中区域に5階建ての本社ビルを建設している。金剛山国際貿易開発と金剛山国際観光からなる同グループの東京事務所によれば、普通江ホテルは北朝鮮政府と50パーセントずつ出資した合弁事業だという。北朝鮮の外国人投資法により、同ホテルの土地は50年間の期限付き賃貸契約になっていた。

当時、私が民団関係者に取材したところ、北朝鮮では日本との合弁事業が90～100ほど進められ、ロシア、中国との合弁も10～20あったが、事業がうまくいっているのは10パーセントにとどまるという。ただ、普通江ホテルは北朝鮮に数多《あまた》ある合弁事業とはまったく異なる背景を持っていた。同ホテルの買収を仲介したのは高麗民族発展協会だ。その指導をしていたのは金正日《ジョンイル》書記だったのである。

「マダム朴」こと朴敬允は、「金剛山国際グループの北朝鮮での経済活動を支えているのは、光明星《カンミヨンソン》という会社を率いる金正日氏です。普通江ホテルの従業員は、すべて弊社の社員であり、その中には日本人や外国人も勤務する多国籍企業集団です」と韓国の雑誌で語っていた。

「光明星」とは金正日の雅号だ。2011年12月17日の死後、誕生日の2月16日は光明星節として国民の祝日になっている。現在の日本人にとっては、北朝鮮がたびたび発射実験を行なっている、「人工衛星」の名としても知られる。

「光明星」という企業名からして北朝鮮の最高指導者と所縁《ゆかり》が深いことがわかるが、その後押しを受ける普通江ホテルは「ただの合弁企業などではなく、社会主義体制の北朝鮮で初めての外国民間企業だ」という証言さえあった。そして、同ホテルを実際に経営していたのは統一教会の信者だったのである。

統一教会が霊感商法で法外な価格で売りつける壺や多宝塔、一和《イルファ》の高麗人参濃縮液を、韓国から輸入する教団系企業・ハッピーワールドの社長を務め、教団内で〝経済担当副会長〟と呼ばれたのが古田元男だ。この古田が率いる信者組織に、北朝鮮や中国、ベトナムなどの社会主義国を相手に教団が経済活動を行なうことを目的とする「アジアプロジェクト」があった。

## 謎の企業体「金剛山国際グループ」

アジアプロジェクトが結成されたのは、1993年。女優の桜田淳子など芸能人が参加したことで世間の注目を集めた1992年の合同結婚式で、韓国人と結婚した日本人女性のうち、まだ韓国に渡っていない信者が中心メンバーとなった。東京にある教団系の日刊紙「世界日報」板橋工場に集められた400人の信者を前に、古田はこう語ったという。元信者が話す。

「古田さんは『このプロジェクトはお父様（文鮮明）の主管にある。つまり、直接指導しているんだ』と言いました。『韓民族が納得する苦労をしなければいけない』とも、『教会が経営する中国のパンダ自動車、ベトナムのメコン自動車、そして、北朝鮮の支援がアジアプロジェクトの目的だ』とも言ってました」

だが、「北朝鮮の支援」には別の目的が潜んでいたことを、統一教会の信者はみな理解していた。

古田に近い信者はこう明かした。

「1993年11月から普通江ホテルの経営をはじめました。合弁ではなく外国人が経営する単独企業は北朝鮮で初めてのことだそうです。土地や建物を買収したのですが、法律がないので北朝鮮政府も戸惑っていると聞いています。つまり、土地と建物は金剛山国際グループが所有し、経営権を統一教会信者が持つということです」

金剛山国際グループは、「マダム朴」が金正日に直接つながる対外経済工作を任務とした北朝鮮の要人・朴鍾根と北京で出会って間もなく設立された。まず北朝鮮に金剛山国際貿易開発を創設し、これを母体に金剛山国際観光、金剛山国際航空、さらに高麗商業銀行など次々と企業を設立、金剛山国際グループを形成していった。金正日書記も敢えて表に出さない側近人脈による北朝鮮の対外経済交渉機関と位置付けられたのだ。

金剛山国際グループが所有していたのは、普通江ホテルだけではない。同ホテルの隣には、安山館《アンサングアン》という大型レストランがあり、日本料理や朝鮮料理、焼肉などの店のほか、上層階は宿泊施設になっている。そして、2つの建物の間には、金正日の雅号から名を取った光明星ホテルを建設する計画もあった。これらすべての土地と建物を所有するのは金剛山国際グループだったが、すべての施設の経営は統一教会に任されたというのである。

普通江ホテルと安山館の総支配人に就いたのは、統一教会会員の吉澤誠だ。1975年に1

800組が参加した国際合同結婚式で祝福を受け、その後、霊感商法の総卸元企業「世界のしあわせ北海道」取締役、教団系の京都プリンスホテル取締役を歴任し、青森駅前の教団系結婚式場・アラスカ会館の代表取締役に就任する。私が2022年11月、講演のため青森を訪れると、アラスカ会館は「ウェディングプラザ　アラスカ」と名を変えて同じ場所で健在だった。会社案内にある代表取締役は吉澤誠のままで、経営理念に掲げる「為に生きる」精神とは文鮮明教祖の言葉だ。経営の実体が統一教会であることを隠して、教団は現在もこのように日本各地の地域経済に浸透している。

取材当時の普通江ホテル総支配人代理は、6000組が祝福を受けた1982年の合同結婚式に参加した海老根愛夫。愛知県の霊感商法販売店だった「白龍」や「全愛」などに勤務した経歴を持つれっきとした統一教会の信者だ。

この2人をふくめた信者10人ほどが普通江ホテルの経営を担い、約250人のホテル従業員を指導していた。同ホテルで働く統一教会会員は、全員が金剛山国際グループ東京の社員として北朝鮮に入国しており、10万円ほどの給料は教団内組織のアジアプロジェクトが支払う。給料は香港《ホンコン》から平壌の高麗商業銀行に振り込まれていたが、同銀行総裁を務めるのもまた「マダム朴」なのだった。

1994年には、金剛山国際グループの平壌本社ビルの内装工事のため、千葉県の一成《いっせい》綜合建設の社員3人が渡航したが、彼らもまた統一教会会員だ。同年、普通江ホテルに配管用ポンプが船荷で送られたが、横浜港で発送を担った新日本港運の取締役の上山信一郎も教団信者で、1970年に合同結婚式に参加した後に教団系企業であるハッピーワールドの取締役などを歴任していた。

## 文鮮明教祖の電撃訪朝

徹底した反共主義を掲げる統一教会が、屈服させるべき社会主義国である北朝鮮で手広く経済活動を行なうようになった契機は、文鮮明教祖の電撃訪朝だった。

1991年11月30日、中国・北京首都国際空港の貴賓室には、香港から北京に降り立った文鮮明ら統一教会の幹部一行がいた。文教祖は、待ち受けていた金剛山国際グループ社長から、北朝鮮からの招請状を受け取った。そこには副首相の金達玄《キムダルヒョン》の署名があった。

金日成主席の甥《おい》にあたる金達玄は、伯父からの評価が高く、「我が国に金達玄ほど有能な経済幹部はいない」と称賛されるほどで、1988年の韓国・ソウルオリンピックに刺激を受けた主席に経済改革の助言を行ない、1992年には金日成の反対を押し切って訪韓し、盧泰愚《ノテウ》大統領と会談している。

文鮮明ら統一教会の一行は、北朝鮮が用意した専用特別機に乗り換え、平壌に到着した。12月1日にまず会談に臨んだのは金達玄副首相だった。続いて同月6日には金日成主席と会談し、経済問題で合意に達する。大きく以下の2点だ。①海外僑胞をはじめとするすべての国家からの対北朝鮮経済投資を歓迎する、②軍需産業を除く北朝鮮の平和的経済事業を統一グループが支援する。この合意により、統一教会の北朝鮮での経済活動が特権的な優遇の下、可能となる大原則が成立したのである。

統一教会幹部は、会談での文鮮明の要望をこう話した。

「報道されていませんが、会談の中で文先生から北朝鮮でホテルを経営したいという話が出ました」

当初から、教団系企業の統一グループによる北朝鮮への「支援」とは、同国随一の観光名所・金剛山でのゴルフ場やレジャーランド、ホテルの建設であり、中国、ロシア、北朝鮮3か国の国境が接する経済特区「豆満江《トマンガン》自由経済貿易地帯」への投資だった。そして、これらの「支援」には、普通江ホテルの経営もふくまれていた。

## 金日成に「お兄さんになってください」

北朝鮮の狙いは何だったのか。当時を知る韓国政府関係者はこう明かした。

「極秘の予備交渉で、北朝鮮側は文教祖を受け入れる条件として1億5000万ドルの献金を求めました。ところが、文教祖は総額35億ドルの資金援助を約束したのです。金日成が文鮮明の入国を認め、会談を持ったのもおカネを出してもらうためでした」

日本円にして、当時のレートで実に約5000億円。北朝鮮の提示した条件の23倍もの援助を、文鮮明は申し出たのだ。もちろん、この巨額援助の原資は、大部分が日本の信者の献金や霊感商法の利益であると推認できる。

会談では、金日成主席が文鮮明教祖に、実子で後継者の金正日の教育を託すという「遺言」のようなやりとりにまで話が及んだという。統一教会の大江益夫広報部長（当時）は、2人の生々しい会話を私の取材にこう述懐した。

「文先生は『私のお兄さんになってください』と言い、金主席は『いいでしょう』と答えたそうです。そこで、文先生が『私たちは義兄弟です。お兄さんに頼みがある。これからはあなたの息子（金正日）の教育を私たちに任せてください』と言いました。金主席は『わかりました』と答えたんです」

金正日への「教育」を、金剛山国際グループを通じて統一教会信者らが行なう資本主義的経済活動や、北朝鮮への投資だと考えるなら、文鮮明は金日成主席との約束を十分に果たしたといってよさそうだ。

一方、統一教会が得たメリットは遥かに大きい。

文鮮明は金主席との会談前日、故郷の定州を四十数年ぶりに訪れている。北朝鮮当局は文の訪問直前に生家に至る進入路を拡張し、生家も復元・増築していた。これをきっかけに、教祖の故郷である定州を教団信者が訪ねる聖地巡礼ツアーが盛んに行なわれるようになる。動きは迅速だった。１９９１年、このツアーのために名古屋・平壌間の直行便が就航する。新路線を開拓し、北朝鮮政府に代わってビザを発給したのもまた「マダム朴」が会長を務める金剛山国際グループだった。

巡礼ツアーの参加者が宿泊するのは、統一教会が経営する普通江ホテル。食事をするのは、これも教団が経営する安山館。信者が巡る聖地には、献金箱まで設けられていた。統一教会が独占的に観光業を行なう北朝鮮は、カネをもたらす新たな資金源となった。また、聖地巡礼によって文鮮明は一層の神格化を図ることが可能となった。

電撃訪朝前の1991年8月、文鮮明は「還故郷」という指令を発し、信者に故郷に帰れと命じていた。生地に戻って職を持ち、稼いだ中から教団に献金し、新たに家族や知人に伝道せよ、という命令だ。教祖の帰郷の意味を併せ持つ文鮮明の訪朝は、教団が「お父様も還故郷された」と、指令を徹底するために利用された。「還故郷」は現在でも日本人信者の指針となっている。

さらに、教祖の訪朝は、教団内部では社会主義国である北朝鮮を経済的に屈服させたことをも意味し、対外的には統一教会の国際的な名声を高めることに寄与した。

## 「南北統一」の美名に隠された真の目的

文鮮明の電撃訪朝から1か月後、1992年の「新年の辞」で金日成主席はこう述べた。

「お金のある人は、お金で祖国統一の偉業に特色のある寄与をしなければなりません」

この演説が金剛山国際グループや文鮮明教祖を意識したものであることは、想像に難くない。社会主義国家であっても、イデオロギーや理念で食べていくことはできないからだ。文鮮明はそこに目を付けた。かつて教祖は反共を声高に叫び、北朝鮮と金日成主席を打倒すべき対象として敵視し、説教で激しく非難していた。

「我々は金日成に立ち向かうときも、毛沢東を攻撃するときも、ソ連を打倒するときも、すべて神の名によってなさなければなりません。（略）自由世界と韓国の名をもって、金日成と共産主義国家らを打ち倒すために命懸けで闘いましょう」（1975年6月7日、『南北統一と平和の道』光言社）

文鮮明によるこうした反共演説は日常的だった。

だが、日本の信者は、教祖が掲げる高邁な理想の裏にある統一教会の真の目的を知っていた。元信者はこう明かす。

「朝鮮の南北統一とは言うものの、お金を使って北朝鮮を屈服させるんだと我々は教えられていました。そのためにアジアプロジェクトに献金するよう、古田さんからファックスも送られてきました」

1994年1月、日本で悪辣な霊感商法を推し進めた張本人であり、教団内で〝経済担当副会長〟と呼ばれた古田元男は、文鮮明教祖の最側近である朴普熙、金剛山国際グループ会長の「マダム朴」こと朴敬允とともに、北朝鮮の姜成山《カンソンサン》首相と会談していた。北朝鮮における統一教会の経済活動に、古田が深く関与していたのは間違いない。

古田の本音をアジアプロジェクトの会議で耳にした信者もいる。

「てっとり早く儲《もう》ける方法が霊感商法なんだ。霊に感謝する商法、素晴らしいネーミングだ。これまで通り霊感商法が続けられれば、青天井だからいいんだけどね。いい商売を考えてください」

韓国の統一教会が発行する教団内部誌「史報」（1994年5・6月号）は、北朝鮮政府が教団系企業に新たにホテル建設の許可を出したと報じた。北朝鮮随一の名勝・金剛山に同国最大の観光スポットを開発、そこに900の客室を擁する最高級リゾートホテルを建設するという。驚くことに、これらの観光事業は先駆けであり、今後、教団系企業資本が北朝鮮に参入するための露払いの役目を担うというのだ。

統一教会のこうした経済進出は、韓国の金泳三《キムヨンサム》大統領も認めていたという。なぜ、大統領は認めたのか。ひとつには、教団が北朝鮮との間に築いたパイプを政治的に利用するため。そして、もうひとつの理由は、当時、韓国政府は北朝鮮経済の自国への吸収を3年から5年以内と想定していたが、それまでに北朝鮮が崩壊してしまっては韓国経済がもたないからだ。そこで、北朝鮮が倒れない程度に、統一教会が最小限の財政的なテコ入れをしてくれればいいと考えたのだ。仮に、一連の経済支援が失敗に終わっても、資金は日本の統一教会が拠出しているので、韓国経済に影響は出ない。金泳三大統領はそう判断して容認したというのだ。

普通江ホテルや「マダム朴」の盟友となった朴相権《パクサングオン》が北朝鮮で合弁事業として経営していた平和自動車はどうなったのか。私は2015年に訪朝した時、普通江ホテルに宿泊し、北朝鮮当局者に「その後」を聞いた。文鮮明は、2012年9月3日に92歳で亡くなった。それをきっかけとして、普通江ホテルと平和自動車は、北朝鮮に無償譲渡されたという。普通江ホテルに日本人信者はいなかった。一方、平壌市内は夕方になると交通渋滞がしばしば起こり、国産の平和自動車が何台も目に入った。

統一教会が日本の保守政治家との関係を築く際、大義名分にした「勝共」は、教勢を拡大するための口実にすぎず、「南北統一」の美名もカネ集めのための偽りの看板にすぎなかった。教団による霊感商法や献金被害が激増するのをよそに、自民党を中心とする国会議員と教団の蜜月は続いていく。

## 入国禁止の文鮮明が超法規的措置で訪日

1992年、統一教会は前年の北朝鮮訪問を、文鮮明の日本入国につなげようとしていた。

文鮮明教祖は、1973年から1975年までの3年間に個人名義の銀行預金約160万ドル（当時の為替レートで約4億7000万円）の利息約11万2000ドルなど、総額16万ドル（約4900万円）の所得申告をしておらず、1981年10月にアメリカで司法省から脱税（所得税法違反）容疑で起訴された。1982年7月、陪審員による第一審で懲役18か月、罰金2万5000ドルの有罪判決を受けて控訴するも、1983年9月の連邦控訴審でも再び有罪判決が下される。1984年5月、連邦最高裁判所で上告は棄却され、有罪判決が確定し、文鮮明はコネチカット州のダンベリー刑務所で1年6か月服役することになる。

日本の入国管理法（出入国管理及び難民認定法）では、海外で実刑判決を受けて1年以上収監された者は入国できない。当時すでに統一教会の霊感商法や強引な勧誘が深刻な社会問題となっており、これにバブル景気の崩壊が追い討ちをかけ、「ホーム」と教団内で呼ばれる施設での信者の共同生活が困難になるなど、教団の財政は窮乏していた。電撃訪朝した文鮮明は出生地である北朝鮮・定州への訪問にかこつけてまで、教団の集金能力を強化する「還故郷」指令を利用し、信者を激励した。統一教会は世界に広がりを見せていたものの、信者の大多数は日本人が占めており、資金源の多くは日本に依存してきた。霊感商法をさらに進め、信者の献金を維持するためには、教祖の文鮮明が訪日して信者たちにテコ入れする必要があった。

1992年3月26日、入国資格のないはずの文鮮明が来日を果たす。

なぜ可能だったのか。入国管理法には、海外で実刑を受けて収監された者でも「特別な理由」があれば入国を許可する付帯条項が設けられている。文鮮明の訪日実現のために政治力を行使したのが教団と関係の深い自民党議員たちだった。

当初、政府に文鮮明の入国を許可するよう働きかけたのは、福田赳夫内閣で自治大臣と国会公安委員長、北海道開発庁（現・国土交通省）長官を兼任した加藤武徳参議院議員が世話人を務める「北東アジアの平和を考える国会議員の会」だった。ソ連や東欧では社会主義体制が崩壊したが、北東アジアには中国と北朝鮮が残っている。その北朝鮮の金日成主席と会談した文鮮明に話を聞くのは日本の政治に有益で、同会のメンバーなど多くの国会議員が聞きたがっているとし、文鮮明の来日は入国管理法上の「特別な理由」に該当すると主張したのだ。だが、外務省と法務省は超法規的な入国を許可しなかった。その後、統一教会の久保木修己会長は何人かの国会議員に働きかけたが、断られるケースが多かった。中曾根康弘元首相にも働きかけたが、最終的に白羽の矢を立てたのが、金丸信・自民党副総裁だった。「政界のドン」「キングメーカー」と称され、権勢を誇っていた金丸は1990年に日本社会党の議員らと訪朝団を組織し（「金丸訪朝団」と呼ばれた）、団長として北朝鮮を訪れ、金日成主席と1対1で会談するなど北朝鮮と太いパイプを築いていた。田原隆法務大臣や法務・外務当局に、自分が保証人になると交渉し、国内で宗教活動を行なわないことを条件に、文鮮明の入国が許可されることになった。教祖の超法規的な入国もまた、統一教会と自民党の癒着がなければ実現しなかったのだ。こうして1992年3月26日、教祖夫妻を乗せたユナイテッド航空機が成田空港に降り立った。文鮮明は14年ぶりに日本の土を踏んだのである。

異例の超法規的措置による入国は、国会で問題となる。同年4月の参院予算委員会で法務省は、文鮮明の入国目的を「今後の朝鮮半島及び北東アジアの平和の在り方についての意見交換」だと説明した。田原法務大臣は「(文氏の入国は)相当数の国会議員の要請」があったなどとして「特別許可に値してもおかしくない」と答弁したが、野党議員に「金丸さん、中曾根さんに文鮮明を会わせるために国会議員の会が動いた」と指摘された。文鮮明が発言録『文鮮明先生マルスム選集』で「中曾根の野郎」と痛罵した元首相との関係は続いていたのである。

中曾根は1988年、値上がり確実な未公開株が政官財の要人に渡った「リクルート事件」に側近が関与していたことが発覚する。翌1989年、衆議院で証人喚問を受け、政治責任を取る形で自民党離党を余儀なくされた。反自民の逆風が吹き荒れた1990年の総選挙に無所属で出馬したが、かつてない窮地に立った。そこに手を差し伸べたのが文鮮明だった。統一教会は、数十人の信者を選挙運動員として無償で派遣したのだ。教団の支援が奏功したのか、定数４の群馬３区で３位当選を果たした（当時は中選挙区制）。

統一教会と自民党が相互依存関係を築くきっかけになったのは、中曾根が首相在任時の１９８６年に打って出た衆参ダブル選挙だった。実際に法務省に圧力をかけたのは金丸信自民党副総裁だったが、中曾根が政治生命の危機を救ってくれた文鮮明の入国を後押ししたのは当然だった。

文鮮明には１９７８年の来日を最後に入国許可が下りていなかった。この時埼玉県神川村《かみかわむら》（現・神川町）を訪れ、国際合同結婚式に向けて、１６１０組のカップルを決める指名婚約を行なった。

通過目的で入国しておきながら、実際には宗教活動を行なっていた文鮮明は、出入国管理法に違反している。このため１９７９年、１９８１年、１９８２年の入国申請は許可されなかった。さらに、１９８４年にはアメリカで脱税の罪で実刑判決を受けて服役していたので、入国管理法第５条「上陸の拒否」第１項第４号「日本国又は日本国以外の国の法令に違反して、一年以上の懲役若しくは禁錮又はこれらに相当する刑に処せられたことのある者」に該当し、教祖の入国は事実上不可能となっていた。

統一教会は事態を打開するべく、岸信介元首相に働きかけた。岸はロナルド・レーガン米大統領に釈放嘆願書を2回送った。

「大統領、今日は、貴殿にお願いがございます。（略）文尊師は、現在、不当にも拘禁されています。貴殿のご協力を得て、私は是が非でも、出来る限り早く、彼が不当な拘禁から解放されるよう、お願いしたいと思います。（略）文尊師は、誠実な男であり、自由の理念の促進と共産主義の誤りを正すことに生涯をかけて取り組んでいると私は理解しております。（略）彼の存在は、現在、そして将来にわたって、希少かつ貴重なものであり、自由と民主主義の維持にとって不可欠なものであります」（「週刊新潮」２０２２年7月28日号）

この親書によって文教祖が釈放されることはなかったが、統一教会は首相経験者を動かすことができるほど、日本の政界に浸透していたのだ。

## 「金日成に続き、中曾根を屈服させた」

１９９２年3月29日、中曾根元首相は、来日中の文鮮明と会談したが、その内容は一切明らかにされなかった。続いて3月31日、自民党の金丸副総裁が、東京・赤坂のホテルニューオータニ新館で文と会談する。この会談も内容は不明だが、文は1991年末に電撃的に北朝鮮を訪問し、金日成主席と会談しており、金丸も1990年秋にやはり訪朝していたことから、南北対話の見通しや日朝国交正常化交渉の成り行きなどを中心に、朝鮮半島情勢に大半の時間を割いたと見られる。会談は2時間半に及び、そのうち1時間は金丸と文の2人だけで行なわれた。

この会談が行なわれる直前の3月20日、金丸は栃木県足利市《あしかが》の市民会館大ホールにいた。30分ほどの演説を終えて演台を降り、ある参議院議員と握手を交わした瞬間だった。右翼団体の構成員が金丸目がけて拳銃を発砲した。2000人の聴衆が詰めかけた会場内に、3発の乾いた銃声が響く。金丸の訪朝を土下座外交として、かねてから右翼団体が厳しく批判していたが、ついに強硬手段に出る者が現れたのだ。幸い、負傷者はいなかった。

この銃撃事件を受けて、文鮮明は日本に入国できた背景に金丸の圧力があったことを自ら明かしている。1992年4月3日の発言録には次のような記述がある。

「金丸は私と会う約束をして招聘《しょうへい》した人です。約束した1週間後に銃撃事件が起きたのです。（略）5メートルの距離で3発撃たれた銃弾は、体に1つもすれ違うことなく、どこかに行ってしまいました。その人が死んだら、私は日本に入れないのです」（228巻）

日本の権力中枢にいた政治家2人は、文鮮明との会談で何を話したのか。1992年4月3日の説教で会談を振り返った教祖の言葉が『文鮮明先生マルスム選集』に残されている。
「(編註・中曾根と金丸は)今回私に会って相当たくさん学んだと思う。(略)中曾根も1時間半ぐらい会った後に『圧倒されました』と言うんです。(略)その後の(編註・中曾根の)言葉も言えればいいが、政治的な問題であり、南北問題、世界の問題なので言うことができない。(略)中曾根も『ああ、この人(編註・文鮮明)はこんなに覇気があるので、金日成を説得できる』と感じたはずだ」(228巻)
2019年に亡くなった中曾根は生前、文鮮明をこう評していた。
「あの人は統一教会、あるいは昔の勝共というような関係で、むしろ共産圏の中へ楔《くさび》を入れていくと。そして、自由世界の空気、光を入れていくと。そういうような一貫した方針でやられたんではないかと思いますね」(TBS「報道特集」2022年7月30日放送)

## 中曾根元首相は文鮮明を称賛

統一教会の霊感商法や献金などによるトラブルは、80年代には深刻な社会問題となっていた。ところが中曾根は解決に乗り出すどころか、教団寄りの姿勢を崩さなかった。

1987年7月10日、参議院本会議で中曾根首相は、共産党の佐藤昭夫議員から「霊感商法の背後に統一教会、勝共連合があることは明白」「自民党総裁として勝共連合と手を切ると明言するか」と追及されると、憮然《ぶぜん》としてこう反発した。

「一部団体との関係について、自民党は縁を切れとかなんとか言っておられるが、これは思想と行動の自由に対する重大なる侵犯発言だ」

中曾根首相の弄した詭弁《きべん》は、自民党議員に受け継がれた。2022年7月8日に安倍晋三元首相が殺害され、事件を受けて自民党は教団と所属議員の関係の調査に乗り出す。だが、この調査は第三者機関によるものではなく身内によるお手盛りの調査だった上に、その手法はアンケート調査という信頼性を著しく欠くものだった。それでも、所属国会議員379人のうち、実に179人が接点を持っていることが明らかになった。政権与党の半数近くが統一教会と関係を持っていたという驚愕《きょうがく》の事実が明るみに出たことで、自民党本部は対応を迫られたが、「信教の自由」を理由に煮え切らない態度に終始した。

中曾根康弘元首相が自らの振る舞いを顧みることはなかった。

1990年3月、「勝共推進議員の集い」に出席し、「最近は共産主義が参ってしまい資本主義との勝負はほとんどついたような状況だ。（略）共産主義を超え、自由とか人間的価値を中心にした世界的大和解という方向に持ってきており、現実を踏まえた成果をあげつつある」と、国際勝共連合を持ち上げた。

この直前の同年2月に行なわれた、消費税導入から初となる衆議院選挙では、前回の１９８６年総選挙で３００議席を獲得した圧勝の反動による自民党の苦戦が予想されていた。中曾根も厳しい選挙戦を余儀なくされることを覚悟していた。リクルート事件への関与が疑われ、自民党を離党していたからだ。ところが大方の予想に反して、自民党は２７５議席を獲得して衆議院議員の過半数を維持した。中曾根も定数４の群馬３区で３位当選を果たした。

この総選挙について、文鮮明は韓国の統一教会が発行する「統一世界」（１９９０年４月号）でこう豪語している。

「日本の今度の選挙だけでも、私たちが推してあげたのが１０８議席当選しました。今回、私たちが援助しなければ、無所属で出てきた中曾根なんか吹けば飛ぶんだよ。また、派閥で見れば、中曾根派は62議席にもなって、安倍派は83議席です。私が全部そういうふうに作ってあげたんですよ。この２派閥を合わせるといくつになりますか？　それで安倍とか中曾根は『原理の御言を聞け！』と言ったら、聞きはじめました」

当選直後、「勝共推進議員の集い」で中曾根が国際勝共連合を褒めちぎったのは、選挙支援に対する感謝だったのだろうか。

中曾根は1992年、文鮮明が創設した「世界文化体育大典」の開催に祝辞を贈っている。統一教会によれば、同大典はノーベル賞級の科学者による科学統一会議、国家の元首クラスを結集して討議する世界平和サミット会議など、世界の英知が結集する文化イベントだという。そのメインイベントが国際合同結婚式だ。日本の政治家で唯一祝辞を贈っていたのが中曾根だったのである。

「共産主義が崩壊した今日、自由民主主義もさまざまな問題を抱えているのでございます。真の良識に歴史的に裏付けられなければ、衆愚政治に陥っていくのであります。このような時、宗教的精神に基づいて世界文化体育大典が盛大に開催される意義はきわめて大と考えるのであります」(「中和新聞」1992年9月1日特集号)

中曾根と統一教会の深い関係は続き、その発言はいよいよ宗教色を強めていく。2004年3月、国際勝共連合などが主催した「救国救世全国総決起大会」で中曾根は記念講演を行ない、次のように語った。

「日本の国家像を明確にする必要がある。そのために憲法、教育基本法を改正する。(略)(政治家には）歴史観と同時に重要なのは宗教性だ。そういう要素からカリスマ性、風格が生まれ、重みが出てくる」

時系列で発言を振り返ると、中曾根のほうから教団に接近しているようにも見える。だが、中曾根と会談を行なった文鮮明は１９９２年8月29日の説教で、こう言い放っていた。

「国会議員たちが私を利用しようとしたが、結局は自分たちが利用されたのだ」（２３５巻）

## 来日の目的は霊感商法のテコ入れ

文鮮明が14年ぶりに来日した１９９２年に話を戻そう。入国が許可されたのは、教祖を招待した「北東アジアの平和を考える国会議員の会」と、今後の朝鮮半島及び北東アジアの平和の在り方についての意見交換をするためだったはずだ。信者への説教など宗教活動を行なわないことを条件に、入国が特別に許可されていた。

3月30日には同会主催の歓迎晩餐会が行なわれ、閣僚経験者など国会議員31人を前に文鮮明が1時間ほど講演している。ところが、そのほかに文教祖がかかわった行事らしい行事は、同月29日の中曾根元首相との会談、31日の金丸副総裁との会談のみだ。「国会議員の会」との意見交換など行なわれていない。

7日間の来日中、文鮮明は何をしていたのか。

来日当日の3月26日、教祖夫妻は統一教会東京教会で開催された歓迎晩餐会に出席し、大勢集まった信者の歓待を受け、禁じられていた説教を行なった。28日には名古屋教会、29日には宝塚研修センターを訪問し、大歓迎する信者に対して御言を語り、励ました。それだけでない。ハッピーワールドなど霊感商法を手掛ける教団系企業を訪れている。落ちていた売上げのテコ入れをしたのだろう。

ところが、「事前に提出した予定表にない行動」（法務省担当者）を政府は事実上黙認した。社会問題化して勢いが衰えていた霊感商法は、文鮮明の来日以降、息を吹き返すことになる。全国弁連の被害集計によると、東京都内での相談件数は、1987年は2404件あったが、社会的批判が高まったため、1988年は305件、1989年は231件、1990年は393件、1991年は279件に減少していた。しかし、文鮮明が来日した1992年には1064件になったのだ。教祖の来日によって統一教会信者による霊感商法の被害相談が激増したのは明らかだった。

ところで31人のメンバーを擁するとされた「北東アジアの平和を考える国会議員の会」とは、

いったい何だったのか。実は、文鮮明の入国実現という目的のみのために急ごしらえで創設された会だった。

世話人は加藤武徳参議院議員だが、彼の秘書でさえ同会がいつ設立されたかを知らなかった。加藤以外、メンバーに名を連ねた5人の衆議院議員は、いずれも勝共推進議員だった。

俳優で、統一教会問題を追及してきたジャーナリストの中村敦夫参議院議員は、この超法規的措置による入国から6年後の1998年9月22日、参議院法務委員会で政府を追及している。

「北東アジアの平和を考える国会議員の会という妙なものが突如でき上がっていまして、この招待でもって（編註・文鮮明が日本に）入るという形になりました。この会はほとんど幽霊団体という感じでして、大体その当時の前参議院議員が1人、そして当時の現役の衆議院議員が5人ですか、6人ででっち上げたような会でして、大体、統一協会から秘書を派遣してもらったり、献金をいっぱいもらったりしている連中の名前が並んでおります」

私が調べると、同会の所在地も電話番号も、国際勝共連合を母体とする「スパイ防止法制定促進国民会議」の事務所とまったく同じものだった。さらに、電話の名義人は統一教会の幹部だった。この「幽霊団体」は統一教会シンパの国会議員によるダミー組織と見て間違いない。同会に活動実態はなく、文鮮明が帰国してほどなく姿を消している。

1964年、日本での設立以来、統一教会は政治家との深いつながりを誇示、宣伝し、教団の信用を高めることで信者を増やし、献金や霊感商法によって莫大な資金を獲得してきた。1992年、信者でさえ不可能と考え、半信半疑だった教祖の来日が実現したことによって、日本人の信者は増加する。それは、国際合同結婚式の参加人数に如実に表れていた。1989年に1275組だった参加者は、文鮮明が来日した1992年には20倍以上の3万組に激増した。国際合同結婚式に出席するには、3年から3年半は経済活動（霊感商法など）に従事して実績を上げることが条件とされた。信者数の増加に伴い、当然、教団の過度な献金や霊感商法の被害者も激増したのである。

一方、政治家を利用し、日本の法律を歪めさせてまで入国を果たした文鮮明は、日本を愚弄するような言葉を発言録に残していた。

「天皇がやってきて跪いて、ひれ伏して慟哭《どうこく》するのを見るまでは、私はいつまでたっても（編註・日本に）行ってなんかあげませんよ」（『文鮮明先生マルスム選集』383巻）

## 軽井沢の密談

1994年8月17日、気温35度に迫る猛暑の東京から離れた長野・軽井沢は、避暑地らしく清涼な空気に包まれていた。昼前、旧軽井沢にある「ホテル音羽ノ森」から1台の高級車が走り出した。5分ほどで旧軽井沢でもステータスの高い別荘地として知られる鹿島の森に入っていくと、右手に旧軽井沢ゴルフクラブの鮮やかな緑が目に飛び込んでくる。隣接する瀟洒な外観の「ホテル鹿島ノ森」のエントランスに、車は滑り込んでいった。

重そうなドアを開けて降り立ったのは、旅行客や地元の人間とは明らかに異なる雰囲気を纏った男たちだ。ホテルに入っていったのは、統一教会の文鮮明教祖の古くからの最側近で、韓国で発行する教団系日刊紙「世界日報」社長を務める教団ナンバー2の朴普熙だった。日本の統一教会幹部2人を従えた朴はロビー脇の階段を上がると、ホテルの特別室「鹿島ノ森クラブ」へと消えた。部屋の奥で待っていたのは、中曾根康弘元首相だった。日本の首相経験者が、統一教会幹部と秘密会談を行なっていたのである。

文鮮明の古くからの側近である朴普熙とは、いったいどんな人物なのか。

1930年、日本の併合下にあった朝鮮・忠清南道《ナムド》で生まれた朴は、1950年に韓国陸軍士官学校に入学し、同年に勃発した朝鮮戦争に従軍する。1957年に統一教会に入信した朴は、1961年に駐米韓国大使館付陸軍武官補佐官としてワシントンに着任、韓国の情報機関

ＫＣＩＡ（韓国中央情報部）とアメリカのＣＩＡ（中央情報局）との連絡係を務めるようになる。実際はＫＣＩＡの工作員だったという証言も多く、謎に包まれた人物である。

１９９４年7月8日に北朝鮮の金日成主席が死去すると、同月13日に韓国人として初めて主席の死後の北朝鮮に入り、国葬の式典や追悼大会が終わった同月20日には、後継の金正日書記と会談も行なった。そのことが韓国で国家保安法違反容疑に問われ、「世界日報」発行人の資格を剝奪される。

韓国に帰国できなくなった朴は中国に向かい、同月23日に北京で記者会見を開く。集まったメディアから、韓国の金泳三大統領やアメリカのビル・クリントン大統領に宛てた金正日書記のメッセージはあるか、と問われた朴は思わせぶりにこう答えた。

「あるけれど、言うわけにはいきません」

この会見から1か月も経ずに、朴は日本の首相経験者と密議していたのである。１９９０年に行なわれた旧ソ連のミハイル・ゴルバチョフ大統領とのモスクワ会談、１９９１年の北朝鮮の金日成主席との平壌会談など、文鮮明の重要な対外活動で朴は常に行動をともにしてきた。金主席の死去からほどない中曾根との会談を前にした北京での発言は、朴が北朝鮮の「密使」であることを自ら告白したのも同然だった。

軽井沢の秘密会談は、昼食をとりながら午後2時すぎまで続いた。ホテルの特別室「鹿島ノ森クラブ」を予約したのは中曾根事務所だった。会談を申し入れたのは統一教会側だ。その経緯を中曾根事務所関係者が話す。

「たしか、国際勝共連合の幹部から『金正日書記と直接会った人物に話を聞かないか』と打診がありました。（中曾根）代議士は国際情勢に大きな関心を持っていますから、休暇を取る軽井沢の別荘近くまで来てくれれば会う、と返事しました」

朴普熙の来日の目的は、この秘密会談のほかになかった。何が話し合われたのだろうか。統一教会関係者はこう説明した。

「会談は中曾根元首相が質問し、それに朴氏が感想を交えて答える形で進行しました。金日成主席の葬儀の模様から金正日書記の健康状態、核問題の行方や軍の現状など、話題は多岐にわたりました」

当時、北朝鮮の核開発が北東アジアの安全保障に暗い影を落としていた。1992年に北朝鮮は国際原子力機関（IAEA）の核査察協定に調印するも、早くも1993年には核拡散防止条約（NPT）から脱退する意向を表明した。1994年には国際原子力機関から離脱して査察を拒否したため、核開発疑惑が強まっていた。
統一教会関係者が明かした会談の様子を紹介する。
中曾根「金書記の健康が話題になっているが？」
朴「金正日書記は活発に話をして、自信にあふれていた。健康には何の問題もない。金書記は追悼大会で使う遺影も自分で選ぶなど、葬儀を最初から最後まですべて仕切っていた。その疲れが出ただけだ。金容淳《キムヨンスン》（対南工作担当党書記）は、金書記が国家主席と党総書記になることが決定していると語った」
中曾根「北朝鮮では軍の動きが注目されているが、今後の見通しは？」
朴「秋にも軍の最高責任者が金正日から、強硬派といわれる人物に代わる可能性がある」

それにしても、なぜ中曾根元首相と統一教会の最高幹部は秘密裏に会談したのか。中曾根事務所は「統一教会なんて、もう全然関係ない」と否定したが、中曾根は首相を辞した後も「勝共推進議員」であり続けた。さらに1992年には超法規的に入国した文鮮明教祖と会談し、同年の「世界文化体育大典」では日本人の政治家として唯一祝辞を贈り、読み上げられたソウルオリンピックスタジアムでは信者から大きな歓声が湧き起こった。

決定的だったのは、軽井沢で密議が行なわれる1か月ほど前、中曾根は評価を著しく落としていたことだ。1994年6月25日、非自民・非共産の羽田孜首相（新生党）が内閣総辞職を表明したことを受け、6月29日に首班指名選挙が行なわれた。社会党の村山富市委員長を首班指名することを条件に、自民党、社会党、新党さきがけは自社さ連立政権を組むことに合意した。中曾根は村山を指名する自民党の方針に反発し、同じく造反して自民党を離党した海部俊樹元首相に票を投じたのだ。

中曾根はこれまでの自民党への貢献により処分こそ免れたものの、党最高顧問を辞任する。この行動によって評価を大きく落としていたのだ。しかも、2年後の1996年から、衆議院選挙はそれまでの中選挙区制から小選挙区比例代表並立制に変わる。地元の群馬・高崎でも勢力は衰退し、当選は難しいと見られていた。

中曾根には、熱心に選挙支援をしてくれる統一教会と関係を続ける理由があったのだ。文鮮明が「中曾根の野郎」と罵倒しようとも、中曾根が最高権力者の地位を退こうとも、両者の蜜月は依然として続いていった。

# 第5章　フレイザー委員会報告書

## KCIAの米政界秘密工作

韓国で1954年に生まれた統一教会は、日本とともにアメリカでの布教をはじめる。アメリカでの動きが活発化するのは、1960年代後半から1970年代前半だ。当時の国際情勢を振り返れば、1950年の朝鮮戦争以来、アメリカと中国は長く対立してきた。ベトナム戦争でも南ベトナムをアメリカが支援、中国は北ベトナム側に付き、代理戦争の様相を呈していた。当時、リチャード・ニクソン米大統領は中国を警戒していたが、関係改善によってソ連を牽制し、同時に、北ベトナムの最大の軍事支援国と国交を結ぶことで、ベトナム戦争の泥沼から抜け出したかった。1971年、ヘンリー・キッシンジャー米大統領補佐官は中国を電撃訪問し、周恩来首相と会談、ニクソン大統領は正式に訪中の招待を受けると、「来年5月までに訪問する」と声明を発表した。徹底した反共主義者として知られたニクソンの電撃的な訪中声明は、世界を驚かせた。

もっとも衝撃を受けた国のひとつが、朴正熙大統領が軍事独裁体制を敷く韓国だった。ベトナム戦争が泥沼化し、アメリカが手詰まりになりつつあった1970年、ニクソン大統領は韓国に在韓米軍の削減方針を伝え、訪中に向けて動いていた。在韓米軍の撤退を避けたい朴正熙は、アメリカでの政界工作を強化する。

朴正熙は1961年5月16日に軍事クーデターで実権を掌握すると、「反共」を強く打ち出した。軍事独裁政権は対北朝鮮の諜報《ちょうほう》機関・KCIA（韓国中央情報部）を設立し、クーデター成功の立役者である金鍾泌《キムジョンピル》をトップに据えた。同年、駐米韓国大使館の陸軍武官補佐官としてアメリカに渡ったのが、1994年に中曾根康弘元首相と軽井沢で秘密会談を行なった統一教会のナンバー2だった朴普熙だ。

1972年に世界を驚かせたニクソンの電撃訪中は、アメリカの対中戦略の大転換であり、同時に北東アジアの安全保障環境の激変を意味した。在韓米軍という強力な後ろ盾が半島から退けば、北朝鮮への最大の抑止力は失われる。韓国は急ぎ対応を迫られた。だが、政府として表立ってアメリカで政界工作を行なうわけにはいかない。そこでＫＣＩＡと統一教会がアメリカでの政界工作を担うことになった。

### アメリカに派遣された8人の女性信者

１９７１年、羽田空港の国際線旅客ターミナルに８人の女性が集まっていた。搭乗時間を告げるアナウンスに次々と出発ゲートをくぐっていく。目的地は太平洋の向こう側、アメリカ・ニューヨークだ。

８人は、統一教会の指示でアメリカに派遣される日本人信者だった（この後、教団から派遣される信者は増え、女性17人、男性３人の総勢20人が太平洋を渡る）。教団は彼らを「ＰＲチーム」と名付けた。彼らの目的は、①アメリカ議会の議員、議員秘書、事務所スタッフと親しくなり、②統一教会を理解させ、ネガティブなイメージを改善し、③韓国の支持者にすること。つまり、韓国の朴正煕大統領の意向を汲《く》んだ、米議会へのロビイングのために海を渡ったのだ。

アメリカに到着したＰＲチームは、すみやかに行動に移る。上下両院の議員に言葉巧みに近づくと、高級腕時計を贈ったり、脈がありそうな議員はワシントン・ヒルトン（ホテル）のスイートルームに招き、豪華な晩餐を供して統一教会のＰＲビデオを見せたりした。３年間で招待された5人の議員とスタッフには、韓国への招待を持ちかけ、その際には教団が旅費の一切を負担するのはもちろん、美しい女性を派遣すると言って口説いた。議員を籠絡するために、ハニートラップまがいのことまで行なっていたのである。

これを裏付けるように、当時、教祖・文鮮明は説教でこんなことを語っている。

「上院議員を正道に戻すには、まずその助手たち、とくに秘書たちを友だちにしなければならない」（1972年）

「先生（文鮮明は自分をこう呼ぶ）には多数の美貌の女性たちが必要である。300人ほど必要である。先生は上院議員1人当たり3人の若い婦人を割り当てるだろう。1人は選挙、1人は渉外、1人はパーティーを担当する。もし女性会員たちが多くの点で上院議員たちに勝っていれば、その上院議員はまさに我々の会員の虜《とりこ》になるであろう」（1973年）

## 教団の実態を暴いた「フレイザー委員会報告書」

統一教会のアメリカ政界への工作活動を白日の下に明らかにしたのが、1978年11月1日に米下院国際関係委員会国際機構小委員会が公表した「韓国の対米関係に関する調査」と題する最終報告書だ。ドナルド・M・フレイザー下院議員が委員長を務めるこの小委員会は、通称

「フレイザー委員会」といい、１９７７年から1年半にわたって教団の実態を調査・分析した。それが通称「フレイザー委員会報告書」と呼ばれている。

11か国の関係者に延べ１５００回以上の聴き取りが行なわれ、米議会への召喚は１２３回、聴聞会が20回開かれ、こうして得られた37人の証言記録を基に作成されたフレイザー委員会報告書は膨大なボリュームで、４４７ページになる。そこでは韓国政府の対米工作の実態とともに統一教会の組織構成やフロント団体、アメリカでの経済活動、米政界工作から、教祖・文鮮明の性癖までを緻密な調査で炙《あぶ》り出したのである。「ＰＲチーム」の活動目的も、フレイザー委員会報告書に明記されていた。

フレイザー委員会が組織されたきっかけは、１９７６年にアメリカで浮上した一大政治スキャンダル「コリアゲート疑惑」である。ＫＣＩＡが在韓米軍の撤退方針を撤回させるため、実業家・朴東宣《パクドンソン》を介してアメリカの有力政治家に札束をバラ撒くなど金品を供与し、米政界に影響力を行使し、アメリカの内政や外交政策を韓国に利するようにしていた秘密工作の証拠が露呈した。その真相を調査するために、議会下院に設置されたのがフレイザー委員会だった。

アメリカは１９７２年に発覚した「ウォーターゲート事件」に揺れていた。大統領選のさなか、ワシントンの民主党本部に盗聴器を仕掛けに入ったニクソン再選委員会（共和党）の工作員が逮捕、起訴された。「大統領の犯罪」は大スキャンダルに発展していく。

フレイザー委員会報告書によれば、70年代はじめ、統一教会がアメリカでもっとも重視した活動が、1974年の中間選挙でニクソン大統領への弾劾を阻止するため、議会と世論を誘導することだった。アメリカに派遣された日本人信者の「PRチーム」も、こうした政界工作に関与していた可能性がある。

だが、電撃訪中によって米中対立に雪解けをもたらしたニクソン大統領は、かつての頑強な「反共」の政治家ではなかった。なぜ、統一教会はそんなニクソンを支援したのか。この疑問についても、フレイザー委員会報告書は、アメリカの政治の流れを変え、これにより韓国政府からの教団に対する評価を高めることが狙いだったと見抜いていた。

## 宗教団体は仮の姿。実態は「文鮮明機関」

フレイザー委員会報告書は、統一教会の本質をこう断じている。

「1961年の（編註・韓国の）軍事クーデター直後、首相などを歴任した金鍾泌がKCIAを設立し、新政権のための政治基盤として掌握した。1963年2月付の『CIA未精査報告書』によれば、金鍾泌がKCIA長官時代、統一教会を組織化し、政治の駒として使っていた」

そして、同報告書の第5章「教育・情報・文化活動」で、次のような重大な指摘をしている。

「この機関（編註・統一教会）は1954年に韓国で文（編註・鮮明）によって創始された小規模な運動としてはじまった。その機能の多様さと基本的な組織構造は、製造業、国際貿易、防衛契約、金融、その他の事業活動を行なう多国籍企業に類似している。しかし、それだけにとどまらず、宗教、教育、文化、思想、及び政治的な事業をもふくんでいるという点で、多国籍企業を上回る存在である。下級構成員の訓練と活用という点では準軍事組織に似ているが、その他の点では規律の厳格な国際政党の特徴を備えている」

そして、こう結論付けた。

「組織間を行き来する人員、混在する財務、ひとつの構成要素と別の構成要素をあたかも同じように使用するなどの点で、多くの組織の間には継続的かつ密接な相互関係があり、もちろんそこには文鮮明の姿がある。このように各組織が密接に関係していることから、本小委員会では各組織をひとつの単位として捉え本報告書ではそれらを総称して『Moon Organization（文鮮明機関）』と呼ぶ」

統一教会は、国際勝共連合をはじめ、安倍晋三元首相が自身の暗殺の引き金となる演説をする大会を開いたＵＰＦ（天宙平和連合）、国会議員の秘書として送り込まれた女性信者を面接した世界平和教授アカデミーなど、友好団体やダミーとなるフロント組織を無数に擁する。

また、こうした友好団体やフロント組織だけでなく、霊感商法で信者に売りつける壺や多宝塔を輸入するハッピーワールドなどの流通業、教団系新聞「世界日報」などのメディアや光言社といった出版社、高麗人参濃縮液や韓国の炭酸飲料「メッコール」を製造・販売する一和など、多くの企業を抱える。アメリカでは教団傘下の会社が莫大な利益を上げ、「グローバルビジネス帝国」ともいえる企業グループを築いた。

かつて、米紙「ワシントン・ポスト」が「無数のタコ足のような触手を持つ宗教的・金融的グローバル帝国」と表現し、私が「宗産複合体」と評したのは、統一教会が単なる宗教団体ではなく、こうした特徴を持っていたからだ。フレイザー委員会報告書は半世紀近くも前に、こうした特性を見抜いていた。統一教会は単なる宗教団体ではなく数多くの関連団体を統合する「文鮮明機関」なのである。

なぜ、教団はこうした複雑な組織構成になったのか。同報告書は、１９７２年から１９８０年まで米国統一教会会長を務めたニール・アルバート・サローネンの発言を引いている。

「『信者各自が、文鮮明師がお作りになった別々の団体の所属であることを肝に銘じよ』」

日本の統一教会も同じように無数のダミー団体を持っており、資金の流れを把握するのを非常に困難にしている。徴税の追跡が難しく、霊感商法で得た資金を取り戻すにも大きなハードルとなっているのだ。米国統一教会会長も、教団が数多の「別々の団体」の体裁を取っていることの利点を強調した。

フレイザー委員会報告書はこの「利点」こそが、文鮮明機関が勢力を拡大してきた最大の要因だと指摘している。

「課税対象の文鮮明機関が、免税団体への資金移動により、免税特権を得ていると信じるに足る理由がある。課税対象組織と免税組織を使い分けることで、文鮮明機関は連鎖反応的に財力を増やし、競合する組織に比べて大きな強みを持っている」

フレイザー委員会は文鮮明機関の持つ組織的な強みを察知していたものの、資金の流れを十分に解明することはできなかった。連邦政府や議会、州政府や地方の行政府が連携して調査にあたることができなかったからだ。縦割り行政が真相の解明を阻んだのである。こうした反省から、フレイザー委員会報告書は、文鮮明機関全体の税務申告を連邦歳入庁（ＩＲＳ）や証券取引委員会（ＳＥＣ）などを投入して、省庁横断的に調査することを提言している。

## 目標は「文鮮明＝神が統治する新世界秩序」

フレイザー委員会報告書には、1962年に米サンフランシスコのホテルで行なわれた教団幹部と金鍾泌KCIA長官との秘密会合についても触れられている。会合参加者は金鍾泌の発言をこう証言した。

「『統一教会の活動を政治的に支援するが、内密にしてほしい』」

統一教会は、韓国の軍事独裁政権とKCIAが、アメリカで正体を隠してさまざまな政界工作を行なう時の「実働部隊」だったのである。

報告書は、文鮮明がこうした実態を自ら認めた言葉を、説教から引用している。

「『我々が全力疾走できないひとつの要因は、勝共イデオロギーに基づいて我々の運動を教会として宣言できないことにある。我々の哲学、統一思想が神学教義に基づいていることを人々に理解させる必要がある。でなければ、勝共運動を教会運動につなげられない』」

さらに、文鮮明教祖は1974年に行なわれた在韓米軍撤退に反対するデモの準備段階で、信者にこう説いていた。

「『何事も政治的な表現で語ってはならない。『政治には関心がない。我々は政治のためでなく、人道的動機でやっているのです』と説明しなければならない』」

米軍撤退反対デモが統一教会による政治工作だったという事実と、宗教団体という表の顔の陰で、極めて政治的な活動を行なう団体だという教団の本質を、同報告書は鋭く指摘する。

そして、統一教会が政治的な目的を隠して活動する理由をこう断じた。

「免税団体が政治活動を制限されていることを十分に認識してか、文鮮明機関のスポークスマンは政治活動を宗教的用語で説明することが多い」

文鮮明自身、政治的表現を使うことのリスクを理解し、「宗教」という仮面をかぶって政治的目標に邁進していったのは、税の免除という経済的利益を失いたくなかったからだろう。同報告書に載っているアメリカの統一教会元信者の証言が、端的に教団の性質を言い表している。

「『(編註・統一教会は)教会などではなく、明確な党派性を持った明らかな政治組織だ。文鮮明機関の目標は政治だ』」

「文鮮明機関」が目標とする政治力を手にした先に、いったい何を見ていたのか。フレイザー委員会報告書の指摘は、衝撃的だ。

「多くの公的な声明や免税のための申請書においては、文鮮明の運動の目標は宗教的であるとされている。外部から明らかに政治的、あるいは経済的に見える活動も、宗教的目標を達成するために必要な手段であると説明されている。文鮮明機関の活動の多くに見られるこうした矛盾は、文鮮明のもっとも重要な宗教的目標をもって説明することができる。すなわち、政教分離を廃止し、神の直接の指示によって統治される世界秩序を確立することである」

これを裏付ける教祖の説教の言葉を、同報告書は記録している。

「『中世に宗教分野から政治を行っていたのは、当時、人々が堕落していたからです。しかし、私たちの時代になると、世界を支配するため、自動的に神権政治を行なわなければなりません。だから、政治分野と宗教分野を切り離すことはできないのです。（略）宗教と政治の分離は、サタンがもっとも好むところです』」

## 米ニューヨークに浸透する統一教会系企業

フレイザー委員会報告書が指摘した「文鮮明機関」は、無数の顔を持ち、統一教会本体の活動を巧みに隠していた。製造業、国際貿易、防衛契約、金融などの事業を行なう多国籍企業、宗教、教育、文化、思想、及び政治的な活動を行なう友好団体やフロント組織がコングロマリットを形成し、これが分厚いベールで包み込むように教団本体を隠避しており、外からでは教団の活動の全貌は見えてこない。

統一教会系の企業はアメリカでも多くの事業を行ない、重要な資金源になっている。とくに、全米随一の大都市・ニューヨークへの浸透ぶりは著しいものがある。教団のニューヨーク日本人社会への浸透は、レストランをはじめ食品会社などの教団系企業を通じて、深く、複雑に、現地で暮らす日本人には統一教会とわからないよう巧妙にカムフラージュした形で行なわれている。

ほんの一例を示そう。私が現地を取材した1995年当時のことと、ご了解いただきたい。

「愛協（愛情協同組合）」は、海産物や生鮮野菜を中心とした日本食の会員制宅配サービスを提供する会社だ。1993年に設立された愛協は、わずか1年で700人の会員を獲得するほどの急成長を見せる。会員同士の親睦を図るために釣りクラブやスキー愛好会などがつくられ、料理教室などの催し物も開かれている。企業活動で得た利益が統一教会の資金源になっているのはもちろん、信者はこうした親睦イベントを利用して伝道や宣伝を行なっている。

愛協の宅配注文電話の名義を調べると、ニュージャージー州エリザベスの「ニューヨーク・フィッシュ・ハウス」という会社であることがわかった。同社は1979年設立の「神州」という会社を、1987年に名称変更した会社で、レストランに鮮魚類を卸し、愛協を通じて小売も行なっている。同じ敷地内には、霊感商法の元締めを担う会社「ハッピーワールド」の関連会社も確認できた。ニューヨーク・フィッシュ・ハウスの歴代社長の経歴をたどると、日本で霊感商法を行なってきた統一教会信者の名前が大多数を占める。

ニューヨークには統一教会が経営に携わる日本食レストランも多い。そんなひとつが、八番街に店を構える「SONOBANA」だ。同店は42階建て、客室数1083を擁するニューヨーカーホテルの1階で営業していた。このホテルは1976年に教団が500万ドルで買収した不動産で、統一教会の世界宣教本部や原理研究会、日本の統一教会のニューヨーク支部が置かれ、日本から派遣された信者の多くがこのホテルで暮らしていた。

日本で人気だった複数の旅行ガイドブックにニューヨーカーホテルは掲載されていた。ガイドブックに掲載された電話番号にかけてみると、「こちらニューヨーカーホテルです」と応答するが、この電話番号はアメリカの電話帳に「統一教会」の名で登録されていた。ホテルを名乗っているが、実態は統一教会なのだ。アメリカの統一教会系企業は、教団とはわからないよう実態を隠して、現地社会に浸透し、経済活動を行なってきたのである。

## 教団が世界に保有する富の資金源は日本

数多あるアメリカの教団系企業の中でも、最大の成功を収めたのが「トゥルー・ワールド・

フーズ」だ。40種類以上のサーモンや5種類の鯛《たい》、イクラの加工品などの魚介類だけでなく、鰻《うなぎ》のたれ、ゆずなどの柑橘類《かんきつるい》、さらには包丁まで、アメリカの寿司《すし》職人が必要とするおよそすべての商品を扱っている。現在では、アメリカ17州に加えて、イギリス、カナダ、スペイン、韓国、そして日本にも支社を持つまでに成長を遂げた。

米紙「ニューヨーク・タイムズ」の記事「The Untold Story of Sushi in America」（2021年11月5日付）によれば、トゥルー・ワールド・フーズは、2021年度、アメリカとカナダに8300以上の顧客を持ち、日本支社はアメリカに年間1000トン以上の鮮魚を輸出している。アメリカの高級・中級の寿司店向けの鮮魚販売の実に7～8割を同社が占め、グループ全体の年間売上高は5億ドル（当時の為替レートで約570億円）を超えるという。

だが、トゥルー・ワールド・フーズの成功や、同社を筆頭とするアメリカの統一教会系企業の隆盛は、日本の統一教会による霊感商法や事実上強制的な献金が下支えしていたのだ。アメリカの教団系企業の多くが、70年代後半から80年代前半に設立されているが、日本で霊感商法がピークに達していた時期と重なる。いわば、日本人の被害によって、教団が言うところのアメリカン・ドリームは成就したのだ。英紙「フィナンシャル・タイムズ」（2022年7月16日付）は「教会の指導者らが、日本から米国へ送金された数十億ドルをふくむ信者の労働力と資

## 毎月 海外 送金, 國内 經費

毎月 海外 送金

| | |
|---|---|
| WT | 8億6,100万円 |
| 世界日報 | 1億2,300万円 |
| UR新聞 | 1,476万円 |
| 天馬 | 8,610万円 |
| ソロカバ | 3,690万円 |
| セネ | 1,599万円 |
| アジプロ | 4,000~4,800万円 |
| 鮮文大學 | 1億2,300万円 |
| ヨ-ロツパ(不定期) | 6,150万円 |
| 合計 | 13億2,225万円 |

毎月 國内 經費

| | |
|---|---|
| 日韓 トンネル | 3,900万円 |
| 平和 センター | 200万円 |
| 対策 | 1億円 |
| 世界日報 | 6,000万円 |
| 島嶼連合 | 90万円 |
| 石井先生 | 110万円 |
| 浦安修練所(銀行返済) | 2,000万円 |
| 各 機関 支援金 | 1,000万円 |
| PR Team | 500万円 |
| 合計 | 2億3,800万円 |

**合計： 15億6,025万円**

韓国の統一教会本部が作成した内部資料（2007年）。日本統一教会の毎月の海外送金額が記されている

産を、企業帝国を築き上げるために搾取している」との批判があると指摘し、「日本は教団が世界で保有する富の最大の資金源」というのが多くの識者の一致した見方だとしている。

文鮮明教祖は1975年から日本の統一教会に月20億円の送金命令を下し、約10年間で送金された額は2000億円に上ったことが元幹部信者の告発で明らかになっている。「ニューヨーク・タイムズ」（2021年11月5日付）が報じた、日本の統一教会元財務担当者の供述と内容

が一致する。

「文が信頼する日本人会計士の秘書が約180万ドルを詰めたブリーフケースを持ってアメリカに到着した。1976年から2010年まで、日本統一教会はアメリカに36億ドル以上を送金することになる」

アメリカの教団系企業の成功を支えたのが、資金面では日本からの送金だったが、人的に大きな貢献をしたのもまた日本から渡米した数百人の信者だった。選抜されたエリート信者たちはアメリカに入国すると、国際合同結婚式でアメリカ人とマッチングする。こうしてアメリカ市民権を取得した後、教団系企業で薄給、あるいは無給で、寝食を忘れて献身的に働き続けたのだ。

アメリカでもっとも成功した教団系企業体となったトゥルー・ワールド・グループは、現在、「統一教会インターナショナル」(1977年設立)が所有する。問題なのは、教団の反共運動やリトルエンジェルス芸術団などの文化活動、プロパガンダを行なうメディア企業、教団の脱税をめぐる訴訟費用などに統一教会インターナショナルが資金を提供していることだ。さらに憂慮すべきは、こうした資金提供が、時には文鮮明機関のペーパーカンパニーやトンネル法人を経由して行なわれている可能性が高いことだ。無数の組織や企業を抱える文鮮明機関を介した資金移動を、当局が捕捉するのは極めて困難なのである。

## 「ウコンの力」などを教団系企業が製造していた

「無数のタコ足」を持ち、教団本体を覆い隠す本質は、日本の統一教会にもそっくりそのまま当てはまる。

日本の教団系企業をいくつか記す。

霊感商法の手法を使い、法外な価格で売りつける多宝塔や壺、高麗人参の濃縮液を輸入していた「ハッピーワールド」(旧「幸世商事」、旧「世界のしあわせ」)は、旅行業や貿易業、不動産賃貸業などを手掛け、2022年度の売上高は24億600万円。同社の前身である幸世商事の設立は1971年、代表取締役に就任したのは後に「経済担当副会長」となる古田元男だ。1972年には、7億円余の小切手を携帯して韓国に持ち出したとして外為法違反で、同社の幹部たち2人が逮捕・起訴されている。

「一信ジャパン」(旧「一信石材」)は、霊感商法で販売する多宝塔や壺を輸入・販売していた。日本で販売をはじめた当初の70年代はじめは、デパートなどで工芸品として数万円で売っていたが、業績が芳しくなく、霊感商法で販売することを思いつく。韓国で5000円の壺が40

0万〜500万円、原価60万円の多宝塔は2000万〜4000万円で販売された。

ほかにも、軽トラックで鮮魚を移動販売する「一心天助」、学習塾や英会話教室から病院まで、統一教会系企業の業種は広範に及ぶ。東京都練馬区には、教団信者が経営する学習塾が4つもあるし、国会議員秘書が知らずに通っている英会話教室もある。

霊感商法を行なう企業は別にして、行商で鮮魚を売ったり、学習塾や英会話教室を経営すること自体は、もちろん悪いことではないし違法でもない。だが、統一教会は傘下の教団系企業のビジネスを接点に、「精神世界に興味はありますか?」「無料で手相を見てあげます」などと言葉巧みに近づいてくる。彼らの狙いは、名前と住所を聞き出すことだ。相手の経済事情を調べ上げ、裕福な人に狙いを定めると、先祖の因縁話などで不安を煽り入信させる。その後は、安倍晋三元首相を銃撃した山上徹也の母親がそうだったように、あらゆる手を使って教団に献金させる。これこそが問題なのだ。

統一教会の本質は、「祝福」と「万物復帰」に集約される。

「祝福」とは、教祖が決めた配偶者と、国際合同結婚式で婚姻することだ。「祝福」のためには祝福献金や祝福を受けるための合宿など、多額のカネを教団に納めなければならない。

一方、「万物復帰」とは、「神を中心とした地上天国をつくるために、サタン側に奪われた万物を神の側に取り戻さなければならない」という教義だ。「この世の人も財産もすべては神のものであり、サタン（一般社会）のもとにあるすべてのもの（「万物」）を本来の所有者である神（文鮮明）に『復帰』させることは善であり、救いとなる」というもので、教団では「万物」の中でもとくにカネが重視される。

この教義が悪質なのは、カネ集めのために、統一教会であることを隠して教団に勧誘することをはじめ、霊感商法や福祉を騙った詐欺募金などの犯罪行為さえも「万物復帰」のために正当化されてきたことだ。霊感商法に手を染めた信者に犯罪の自覚があったとしても、教義によって「善」であり、「救い」とされているので罪悪感はむしろ減り、信者は進んで霊感商法や詐欺的な伝道を行なうことになる。

統一教会系企業が問題なのは、市井の人々が知らないうちに、さまざまな業態で身近に存在している点だ。彼らが手掛けるビジネス自体には問題がないかもしれない。だが、教団系企業は、この「万物復帰」を行なわせるための窓口になっている。しかも、大多数の国民はどの会社が教団系企業であるかを知らないのだ。

典型的な例を挙げよう。

二日酔いを避けるために酒席の前などに飲む人も多く、全国のコンビニやスーパーで販売されているドリンク「ウコンの力」は、販売元はハウス食品だが、製造元は統一教会系企業の「コスモフーズ」だった。旧社名は日本メッコール。「メッコール」とは韓国の統一教会系企業一和が製造する〝麦コーラ〟とも呼ばれる清涼飲料水のことだ。

コスモフーズは、元は教団系の商社・ハッピーワールドの飲料製造部門で、分割独立して現在に至る。社長をはじめ役員の大多数が、国際合同結婚式で祝福を受けた信者だ。2万平方メートル超の広大な敷地の工場が建つのは、埼玉県児玉郡神川町（旧・神川村）。文鮮明教祖が3度この地を訪れ、1978年には1610組が合同結婚式のための婚約式に参加した「教団の聖地」だ。「ウコンの力」は、この工場で製造されていた。

プラズマ乳酸菌を配合したキリンHDが販売する機能性表示食品「iMUSE（イミューズ）」シリーズの「iMUSE　朝の免疫ケア」も、2022年3月の全国発売以降、コスモフーズが製造を担っていた（2023年3月出荷終了）。

なぜ、日本を代表する大手飲料メーカーの製品を、教団系企業が製造するのか。「ウコンの力」はコスモフーズが2004年から2020年までOEM（受託生産）を請け負っていたが、「週刊文春」（2022年9月8日号）によれば、ハウス食品は同社が統一教会の関連企業であることを把握していなかったという。また、キリンHDは「宗教上の理由で得意先を選定することは行っていない」という。

もちろん、ハウス食品やキリンHDが悪いわけではない。製品に問題があったわけでもない。ただ、コスモフーズが生産していた「ウコンの力」や「i MUSE　朝の免疫ケア」がヒット商品だっただけに莫大な富が教団にもたらされたのは間違いないだろう。同社のHPによれば、事業内容は清涼飲料水製造と自動販売機による飲料水販売だ。取引先にはアサヒ飲料、キリンビバレッジ、サントリーフーズ、ダイドードリンコなど大手メーカーが並び、年商は59億円（2020年度）に上る。ところが、奇妙なことに純利益は1900万円（同年度）しか計上されていない。

## 統一教会の反攻

統一教会は、政治・経済から文化までを網羅する無数の関連団体を擁し、表向き宗教を核としたコングロマリットの特徴を有する。フレイザー委員会報告書は、半世紀以上も前にこの本質を見抜いていたのだ。

同報告書は教団の特徴を分析し、次のように簡潔に捉えている。

「文鮮明率いる統一教会や関連世俗団体は、基本的に単一の国際組織である。この組織は各部所の相互流動性、すなわち人事・資産アセットを国際間で動かしたり、営利組織と非営利組織の間で動かすことで成り立っている」

こうした教団の組織的特徴に阻まれ、調査は決して十分だったとは言えないものの、フレイザー委員会の調査と分析は現在でも十分に通用する。

統一教会の反発は激しかった。フレイザー委員会報告書の分析に対して、米国統一教会のニール・アルバート・サローネン会長は、こう反論している。

「『我々の共産主義思想や教義に対する感情は政治的感情ではなく、精神的・宗教的感情である。（略）神に選ばれた国・韓国は共産主義の純粋な具現化としての北朝鮮に勝利しなければならない』」

フレイザー委員会に召喚された教団ナンバー2で、文鮮明の最側近の朴普煕は、「フレイザー委員長は共産主義国家ソ連の諜報機関KGB（ソ連国家保安委員会）のエージェントだ」と断言し、委員会が政治的に左翼寄りに著しく偏向していると激しく批判し、同委員長と委員に対して3000万ドルの名誉毀損訴訟を提起した。

米国統一教会も1979年に反論書を発表、次のように主張した。

「教会はいかなる犯罪または違法行為においても有罪だと証明されなかった。事実、教会に関しなされた主要な告発について、小委員会自体が、嫌々ながらであったとしても認めたように、それらは真実ではないとすべて露見したのである」

だが、朴普煕が起こした名誉毀損訴訟はその後、取り下げられた。フレイザー委員会報告書の「資金の流れを追え」との提言を実践するかのように、文鮮明教祖は脱税の罪で起訴され、1984年には実刑判決を受けて収監される。これを契機に米国統一教会は世論工作に力を入れるようになる。

人権外交などリベラルな政策を打ち出していた民主党のジミー・カーター政権に代わって、1980年には共和党のタカ派であるロナルド・レーガンが大統領に就任した。アメリカが保守化していったことは教団の追い風となった。アメリカで政治力を行使するには世論を誘導することが重要と認識した文鮮明教祖は1982年に保守系日刊紙「ワシントン・タイムズ」を創刊、メディア戦略を強化していった。同紙の初代社長には教祖の最側近だった朴普煕が就任する。

自前のメディアによる世論工作と同時に、教団が試みたのは共和党議員への接近だった。米国統一教会の元幹部アレン・ウッドは、ベトナム戦争が終結した１９７５年以降、反共を掲げる教団の政界への影響力が増したという。

「レーガン大統領は教団の関連団体が発行する『ワシントン・タイムズ』を見せながら『私が読んでいる新聞はこれだけだ』と言いました。文氏がオーナーの新聞です。政治的プロパガンダのための新聞で、政界に入り込もうとしていました。共和党の政治家を取り込むという点では大いに成功しました。（略）レーガン、ブッシュ親子、トランプ、その全員が統一教会の大々的な支援を受けました。信者が資金集めをし、全米各地で戸別訪問をして支持を広げました。父親のブッシュが『統一教会の信者などがいなければ、選挙での勝利はなかった』と発言していました」（ＴＢＳテレビ「報道特集」２０２２年7月30日放送）

元幹部によれば、レーガン、ブッシュ親子、トランプら、歴代の共和党出身の大統領といった大物政治家が教団のイベントに出席したり、祝辞を贈る際は、多額の報酬が支払われたという。ブッシュ元大統領やレーガン元大統領が韓国で行なった講演には、１回につき１００万ドルの報酬だった。

反共を旗印に保守系政治家に接近し、選挙支援を通じて侵食する――。

日本の統一教会が「安倍３代」や中曾根康弘に接近していったのと同じ方法がアメリカでも

採られていたのである。

文鮮明教祖は米国統一教会元幹部にこう話したという。

「イデオロギーで心をつかめなければ、金で買収するんだ」

フレイザー委員会報告書には、日本の統一教会も激しく反発した。1978年3月15日、委員会は708ページの記録文書を開示する。「読売新聞」が3月16日に「統一協会は金鍾泌氏が設立」との記事を出すと、猛抗議した。同紙は同年9月23日に「その後の調査の結果、事実に反し、穏当を欠く表現がありました。このため、宗教団体である世界基督教統一神霊協会にご迷惑をかけました。おわびのうえ、訂正します」と、「訂正」を掲載する。

「読売新聞」の訂正記事は、統一教会の久保木修己会長が中曾根康弘自民党総務会長を通じて、当時の政治部部長で後に読売新聞グループ本社代表取締役主筆となる渡邉恒雄に猛抗議した結果だったとされる。

フレイザー下院議員も、統一教会から激しい攻撃を受けていた。彼の選挙区であるミネソタ州の地元紙によれば、1978年の中間選挙で教団は国際勝共連合の運動員を送り込み、上院議員への鞍替《くらが》えをめざしていたフレイザー候補を個人攻撃するキャンペーンを張る。同候補の選挙事務所には爆破予告が入り、放火するとの脅迫もあったという。そして、フレイザーが上院予備選に僅差で敗れたわずか5日後、ワシントンの彼の自宅が放火された。犯人はいまだに不明である。

1984年には、フレイザー委員会で調査ディレクターを務めたロバート・ボッチャーが、自宅のニューヨークの高級アパート、セントラル・パーク・ウエストの屋上から不審な転落死を遂げている。「ニューヨーク・タイムズ」によれば、ボッチャーは家族が増えたばかりで、新しい仕事の計画もあり、自殺することはあり得ない状況だったという。この謎の転落死も真相は不明のままだ。

## フレイザー委員会の調査を拒んだ日本政府

フレイザー委員会報告書は統一教会の危険性を、詳細な調査と緻密な分析をもって世界で初めて明らかにした。ところが、1978年11月に最終報告を提出したのを最後に、フレイザー委員会は活動を終了する。同報告書が提言した教団の資金の流れを追う省庁横断的なタスクフォースを組織する動きも止まってしまった。

しかし、フレイザー委員会の〝遺志〟は当時、カルト宗教に対する警戒感が高まっていた欧州に引き継がれる。

きっかけは、1978年に起きた「人民寺院事件」だ。

1955年、アメリカ・インディアナ州で教祖ジム・ジョーンズが創設した社会主義キリスト教系のカルト宗教「人民寺院」は、キリスト教と共産主義を組み合わせた教義で、人種平等を訴え、社会問題に積極的に抗議を行ない、急速に支持を集めていく。本部をサンフランシスコに移すと教団の勢いはさらに拡大し、約3000人もの信者を獲得。教勢の拡大とともに教祖ジョーンズの神格化が進み、「キリストの再来」などと唱えるようになる。

一方で、大都市であるサンフランシスコへの移転は、メディアに監視されることも意味していた。教団がそれまで行なってきた心霊手術などの詐欺行為や、脱会を求める信者の監禁などが社会問題化したのだ。

1974年、人民寺院は南米のガイアナ共和国で熱帯雨林の土地を借り、「ジョーンズタウン」と呼ぶコミュニティを開発し、メディアの調査から逃れるために移住をはじめる。だが、移住した信者の家族とのトラブルが後を絶たず、1978年にはレオ・ライアン下院議員が人権蹂躙《じゅうりん》の調査のため視察に訪れる。翌日、視察を終えたライアン議員と同行したジャーナリストは帰路に就こうと空港に向かうが、教団の自警団によって惨殺された。そして同日、教祖ジョーンズは信者にシアン化合物の毒入りドリンクを飲ませ、教祖自身も銃で自殺を遂げた姿が発見される。この「人民寺院事件」による死者は、子供276人をふくむ914人に上るといい、世界に大きな衝撃をもたらした。

欧州では、この陰惨な大量自殺と同じような暴力が起きることを懸念していた。真っ先に対策に乗り出したのはイギリスで、対象にしたのは統一教会だった。イギリスのカルト対策がどのような経緯ではじまったのか、『セクトの宗教社会学』（白水社）に詳しいので、少し長いが解説を加えながら、以下に引用する。

「対策のおもな対象は、当時ヨーロッパ大陸に進出してきた統一教会であった。統一教会がヨーロッパに拠点を設けることが不安をかき立てたのは、『フレーザー報告書』というアメリカの報告書が、この集団には脱税の傾向や国境を越えて広がる性質があるほか、政治機構、経済機構、さらには軍事機構の上層部にまで浸透してくる側面があり、国家機構の内部に食い込もうとする意図を持っていると告発していたからだ。統一教会は、英国を起点としてヨーロッパに勢力を拡大していくことを目指していた。そのため、厳しい敵対の兆候が表われたのも、この国からであった。早くも一九七五年の段階で、イギリス下院の報告書は『チャリティー団体に関する法律の自由放任主義的な寛容につけこんだ』この集団に対する警戒を強めている。報告書は、統一教会の持つ『洗練された洗脳技術、若者を家族から引き離す傾向（……）、ファシズムやナチスまがいの組織との政治的関係』などについて告発する種の最初のものである」

イギリスでも原理運動に参加する若者たちが出てきた。そのため家族や一般市民の中にも批判の声が生まれ、議会で原理運動についての質問が行なわれ、新聞でも報じられた。ただし、イギリス政府はこの時点では信仰の自由があるため関係者が法律に違反しないかぎり、運動そのものを規制はできないという立場を取っていた。

「『統一教会は慈善目的の宗教組織ということになっているが、実際には営利企業との関係を有している（……）。韓国内では相当な財源を蓄えていて、朝鮮人参茶工場や薬品工場を経営し、小型の銃器さえ製造している』。時間が経過しても［英国当局と統一教会の］関係は改善されなかった。こうして、一九九五年に予定されていた文鮮明のロンドン訪問は、最終的には内務大臣マイケル・ハワードによって阻まれた。ハワード大臣は『文鮮明師の存在は公衆にとってよくないと判断し彼の追放を指示した』と説明し、統一教会の活動は『イギリスでは望ましくない』と語った」

フレイザー委員会報告書の内容に注目したイギリス政府は、１９７０年代後半以降の教団の動向に注目していた。その結果、イギリス政府の閣僚が文鮮明の訪英を認めず、統一教会のイギリス国内の活動を「望ましくない」と明言したことは注目すべきだ。1992年に文鮮明の訪日を「超法規的」に許可したばかりか、教祖の宗教活動を事実上黙認した日本政府との対応の差が際立つ。

2001年に反セクト法が成立したフランスで、カルト宗教の危険性を初めて国民が知るきっかけになったのもまた統一教会だった。1970年代、フランスでも原理運動に参加した学生が学業や家庭を放棄したため、「盗まれた子供を返せ」と家族が抗議集会を開くなど、社会問題になった。フランス政府は教団に「外国的団体法」に基づく許可を与えなかった。そのため宗教活動を目的として渡仏する信者の滞在を拒否した。だが信者が留学などほかの入国目的で滞在を求めた時には、その目的に応じた財政的な裏付けなどがある場合には、滞在を許可した。1982年、教団の熱心な信者であるクレール・シャトー（当時21歳）という女性を、両親や兄弟ら7人が脱会させるために身柄を奪還したところ、誘拐罪に問われてしまう。この女性信者が自由意思で統一教会を信仰していることを示したため、裁判所は彼女の身柄を解放することを命じ、親族を罪に問うことになったのだ。

だが、フランス当局は統一教会対策を諦めたわけではなかった。2か月後、国内の教団事務所など21か所に一斉に強制捜査が入った。捜査には、警察の経済、労働、金融の担当部署も加わり、信者60人が取り調べを受けた。2年後、フランスの統一教会の事務所トップが脱税で起訴された。教団系新聞を販売し、営利活動による収入を得ていたが、教団事務所は税務申告をしていなかった。フランス当局は、フレイザー委員会報告書の「資金の流れを追え」という方針を履行した格好だ。フランスの反セクト法は、1995年に日本で起きた地下鉄サリン事件など、オウム真理教による一連の事件をきっかけにしている。しかし、セクト問題においては、統一教会がすでに社会問題となっていたのだ。

日本の対応はどうだったのか。

1976年に米国下院に設置されたフレイザー委員会は、当時、日本での調査を試みていた。複数の国会議員をはじめ、多くの日本人から広範に調査すべきだという要望があったからだ。委員会の調査スタッフは統一教会が生まれた韓国での調査の後、日本で調査を行なうため証言を約束した10人ほどの日本人・韓国人への聴取の準備をはじめる。

ところが、調査は行なわれなかった。日本政府がフレイザー委員会の調査スタッフのビザを発給する際、その条件を「面接対象をアメリカ人に限定する」としたからだ。日本での調査の実現を阻んだのは、ほかならぬ日本政府だったのである。

フレイザー委員会報告書は、日本政府の非協力的な姿勢をこう記している。

「日本当局は当初、米国大使館内での米国人ビジネスマンに対する聴き取りすら、ビザ条件外として却下したほどだった」

統一教会の信者が世界でもっとも多く、教団による被害の規模ももっとも大きいにもかかわらず、日本政府が教団への調査を拒んだのは、極めて不可解だ。日本の保守政治家と教団との深い関係が背景にあったのだろうか。

# 第6章　「世界日報」編集局長襲撃事件

## 内部告発の契機・世界日報事件

「文鮮明機関（＝統一教会）」の狙いは何なのか。

それを読み解くカギが、「文藝春秋」（1984年7月号）に掲載された「これが『統一教会』の秘部だ　世界日報事件で〝追放〟された側の告発」と題した18ページにわたるリポートだ。執筆したのは、元統一教会本部広報企画部長で、教団の機関紙「世界日報」の編集局長を務めていた副島嘉和《そえじまよしかず》と、教団の四国全域の総責任者である四国ブロック長を務めていた同紙元営業局長の井上博明だ。とくに、副島は統一教会の方針を決定する12人の局長会議のメンバーにも名を連ねていた。教団の最重要会議にも参加していた幹部によるこのリポートは、教団の闇に光を照射する初めての内部告発だった（なお、副島本人は「統一教会広報局長」を一貫して名乗っているが、実際は「広報企画部長」だった）。

その衝撃的な内容を紹介する前に、記事のサブタイトルにある「世界日報事件」に触れる必要がある。

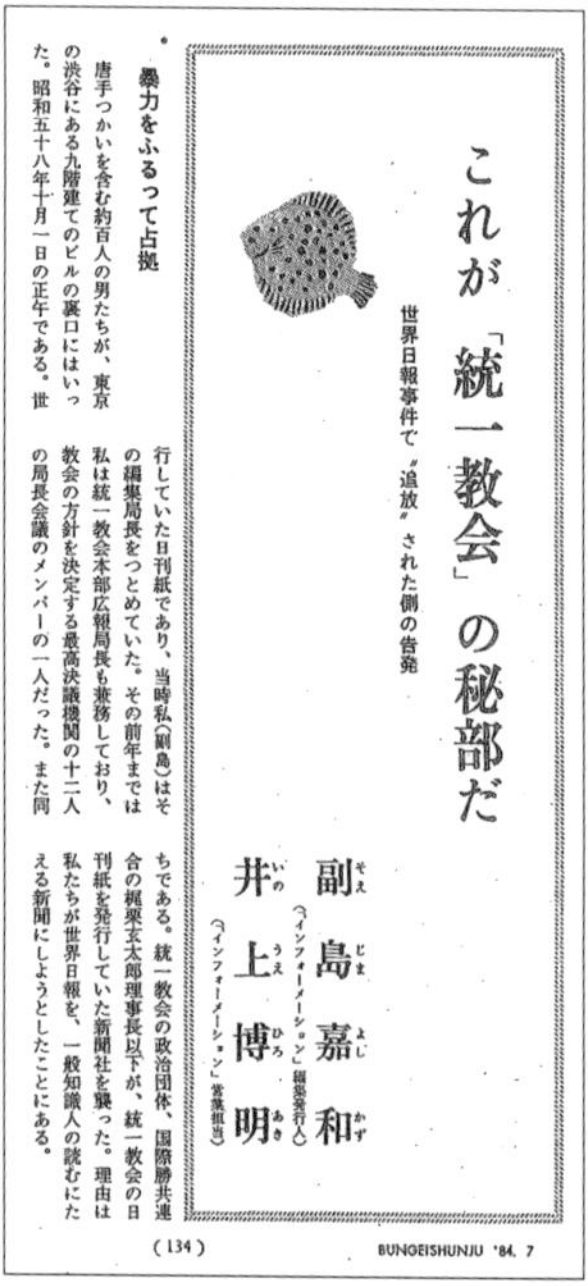
これが「統一教会」の秘部だ

世界日報事件で〝追放〟された側の告発

副《そえ》島《じま》嘉《よし》和《かず》（「インフォーメーション」編集発行人）

井《いの》上《うえ》博《ひろ》明《あき》（「インフォーメーション」営業担当）

● 暴力をふるって占拠

唐手つかいを含む約百人の男たちが、東京の渋谷にある九階建てのビルの裏口にはいった。昭和五十八年十月一日の正午である。世

行していた日刊紙であり、当時私（副島）はその編集局長をつとめていた。その前年までは私は統一教会本部広報局長も兼務しており、教会の方針を決定する最高決議機関の十二人の局長会議のメンバーの一人だった。また同

ちである。統一教会の政治団体、国際勝共連合の梶栗玄太郎理事長以下が、統一教会の日刊紙を発行していた新聞社を襲った。理由は私たちが世界日報を、一般知識人の読むにたえる新聞にしようとしたことにある。

（134）　BUNGEISHUNJU '84. 7

事件のきっかけになった「文藝春秋」1984年7月号の記事

1975年に創刊された「世界日報」は、1980年代初頭まで有料購読部数が約7000部にとどまり、毎月6000万円の赤字を教団に補塡してもらうことで経営を続けていた。1980年、経営立て直しのために副島嘉和が世界日報社に入社、編集局長に就任すると、部数拡大のために、編集方針をそれまでの教団の宣伝紙から一般紙への改革に舵を切り、特定の宗教や政治団体に偏向しない紙面づくりをめざした。

副島の改革は、徐々に実を結ぶ。1982年の教科書検定報道をめぐる誤報をいち早く指摘、1983年にはKGB（ソ連国家保安委員会）の少佐が日本国内での諜報活動を暴露したレフチ

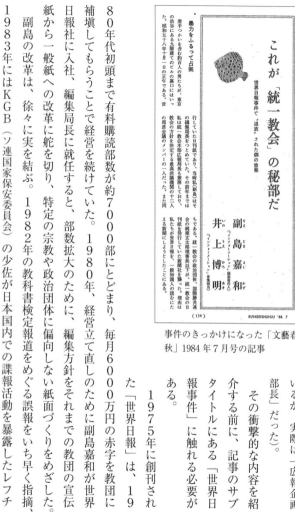

ェンコ事件に際して、真っ先にKGBのエージェントを割り出すスクープを放つなど、調査報道で成果を上げたことで「世界日報」の知名度は上がり、有料購読部数は7000部から3万5000部へと5倍に増えた。

改革は紙面だけでなく、経営にも及んだ。副島は約200人の大規模な人員削減を行ない、約2億円も積み上げていた売掛金も回収する。こうした改革により、「世界日報」は統一教会や国際勝共連合からの援助金を受けることなく、経営できるようになった。さらに、新聞協会への加盟を視野に、社内での宗教的な礼拝を一切禁じ、社員の大多数を統一教会員が占める異常な組織構成にも手を着ける。副島は臨時株主総会を開くと、自ら取締役社長に就任した。彼がめざしていたのは、世界日報社を自由な言論機関に生まれ変わらせることだった。

だが、副島の改革は教団幹部から認められるはずもなかった。文鮮明教祖の逆鱗《げきりん》に触れたのだ。

1983年10月1日の正午、東京・渋谷の世界日報社本社ビルの裏口から、物々しい様子の男たち約100人が次々と建物に入っていく。なかには唐手（中国由来の空手の源流とされる武術）を使う者も何人かいた。国際勝共連合の梶栗玄太郎理事長が指揮者だった。

「世界日報」編集局をめざした彼らの標的は副島編集局長だ。副島自身が「週刊文春」（20

22年8月4日号）で、匿名でこう振り返っている。

「私はたまたま別フロアの営業局にいました。記者の一人が渋谷署に電話し、飛んできた警官に保護されて事なきを得た。私の紙面改革が、教会幹部の目には世界日報の乗っ取りと映ったのでしょう」

男たちは世界日報社の記者約10人に暴行してケガを負わせ、役員を長時間にわたり監禁し、社屋を占拠した。通報で渋谷署の警官80人が駆け付けて事態は一応の収拾を見るも、副島と井上は解任された。370人の社員は、ほとんどが翌日から出社拒否をし、約200人は行方をくらませた。「文藝春秋」に寄稿した文章のサブタイトルにある「追放」とは、この事件を指している。

副島は告発リポートの中で、世界日報事件は文鮮明の指示によるものであると断言し、その証拠として、事件2日後に統一教会本部が全国の組織幹部に発出した「世界日報事件についての対応」という内部資料を明らかにしている。以下、引用する。

「天より、世日（編註・世界日報）を大掃除し、人事を一新せよ、との命が下されました。天の悲しみと公憤は甚しく『信仰の伝統基準を破壊するものは許されない。たとえ新聞を一ケ月いや三ケ月休刊しても、その損失より天の伝統を確立することの方が重要である』とのみ言を頂き、新人事として梶栗（編註・玄太郎国際勝共連合）理事長が世日の新社長……に任命されました。そして久保木（編註・修己統一教会）会長に世日問題を根こそぎ整理し、新人事を行うようにとの御指示がありました」

「天」とは、もちろん文鮮明教祖を指す。また、副島は世界日報社を暴力的に占拠した梶栗国際勝共連合理事長自身が、文鮮明の指示だったことを認めている、とも述べている。

同リポートの中で、副島はこう述懐している。

「宗教団体を代表すると自称する人々が、己れの利益のために世界日報を占拠し、私物化しようとするやり方に絶望して社を去った」

## 白日の下に晒された教団の「秘部」

「文藝春秋」に掲載された記事で、副島は統一教会が抱える最大の矛盾を「『韓民族』が選民であり、多民族に優越していると説くことである」と指摘している。安倍元首相の銃撃事件以降、多くのメディアが報じたいまなら周知の事実だが、当時は教団関係者以外は知るよしもなかった。

副島は、さらに文鮮明を「王の王」として行なわれる「不愉快な儀式」が統一教会に存在することを明かす。

「統一教会が四大名節と呼ぶ記念日には、早朝五時からの敬礼式という儀式があり、そこでは聖壇に座った『文氏』とその家族に対し、統一教会の主要幹部が三拝の拝礼を行う。（略）その際、天皇陛下をはじめ、レーガン大統領、全斗煥《チョンドウファン》大統領ほか主要国の元首の身代りを、それぞれその国の教会幹部が担当し、文教祖一族に拝跪《はいき》して全世界の主権者が文教祖に拝礼したという儀式を行うのである」

敬礼式で日本の天皇の身代わりを演じるのは、日本統一教会の久保木修己会長だ。それだけでなく、キリスト教のイエス・キリスト、仏教の釈尊（ブッダ）、イスラム教のムハンマド、儒教の孔子など主要宗教の始祖の身代わりを務める人も決まっており、文鮮明にひれ伏すというのだ。

副島はこう断じた。

「これをみても解るように、統一教会と国際勝共連合が行っている、宗教活動や愛国運動は、『文鮮明氏』の野望を実現することを目的とした方便なのである」

副島の指摘は、フレイザー委員会報告書が結論付けた「文鮮明機関」＝統一教会の目的と一致していた。

副島による告発は衝撃をもたらす。当時、「反共」という目的を共有し、勝共運動を展開する統一教会や国際勝共連合を同志と捉えていた日本の民族派右翼は激怒し、教団の久保木修己会長に質問状を送った。久保木は副島リポートの内容を否定したが、右翼の怒りは収まらなかった。リポートが「文藝春秋」に掲載された1984年、国際勝共連合が開催した「アジアの平和と安全を守る全国縦断7大都市大会」には民族派などの右翼が押し寄せて大々的な抗議運動を行ない、大阪大会では「勝共運動は文鮮明の手先」「世界を股にかけるペテン師の金集め」などと批判する大量のビラが会場周辺にバラ撒かれ、多くの街宣車が「大会粉砕」を叫んだのだ。

反天皇で韓国中心主義の統一教会の本性に対して、民族派右翼からの反発は強かった。私の取材に新右翼団体「一水会《いっすいかい》」の木村三浩《みつひろ》書記長（現・代表）はこう答えている。

「私たちが統一教会を批判するのは、天皇陛下の問題はもちろんですが、日本が過去に朝鮮を侵略した誤りに付け込んで韓国中心を唱えるのは独善だからです。しかも、これが文鮮明の利害のためなのだから、なおさらです。私たちは個々の統一教会員に対しては、むしろ哀れぐらいに思っています。統一教会の個々人に対してではなく、教団の教義、贖罪意識に付け込んだやり方に抗議しているのです」

戦前からの右翼で、文鮮明教祖や日本統一教会の久保木修己会長とも親交があった畑時夫は、文鮮明を「宗教を軸にした国際的錬金術師」と看破した。

### 統一教会の潤沢な資金源・霊感商法

副島の告発はこれにとどまらない。

統一教会の潤沢な資金の源泉について、こう記している。

「これらアメリカの各施設、韓国の企業群、南米、アフリカの開拓教会などの設立や維持資金は、日本統一教会員がカンパや募金、人蔘茶、印鑑、ツボ、多宝塔などの販売、しかも詐欺まがいの高額販売や巧妙な脱税によってつくり出されたものだという事実である」

さらに、印鑑、壺、多宝塔などの原価率と小売倍率、各卸売段階での卸値と利益の一覧表を公開し、「原価一万一千三百円の印鑑が数十《ママ》倍の百二十万円、一万円の人蔘エキスが八倍の八万円、ツボに至っては五千円のものが実に四百倍の二百万円、十万円の多宝塔が五百倍の五千万円で売られているということになる。何という暴利だろう」と断じた。

統一教会によるこうした詐欺まがいの物品販売が、通常なら成り立たないのは明らかだ。それを可能にしたのが、「霊感商法」である。副島は教団内部で「ヨハネトーク」と呼ばれるセールストークの手引書についても言及、霊能者役や先生役を演じる信者（教団では「トーカー」と呼ぶ）を使って先祖の因縁話を持ち出し、相手を巧みに誘い込む手法を明らかにした。

霊感商法が社会問題化したのは、1980年代後半のことだ。世論を喚起する契機となったのは、「朝日ジャーナル」の追及記事だった。

「朝日ジャーナル」（1986年12月5日号）が「全国調査　霊感商法の巨大な被害　豊田商事をしのぐ冷血の手口」と題する記事を掲載し、これを皮切りに霊感商法批判キャンペーンが1年にわたって続けられる。私も1987年4月から取材班に参加した。

「豊田商事」とは、金の地金を購入する契約を強引に結ばせ、現物は客に渡さずに会社が預かり、客は「証券」という名の紙切れしか手元に残らない「ペーパー商法」を大々的に行ない、当時、悪徳商法の代名詞になっていた企業だ。1985年に社会問題となり、被害者は狙い撃ちされた格好の高齢者を中心に全国で数万人、被害総額は2000億円と推計された。多くの高齢者から老後の蓄えを奪い、余生を狂わせた豊田商事よりも、統一教会は「冷血」だと「朝日ジャーナル」は断罪したのである。

「朝日ジャーナル」のキャンペーンに呼応するように、1987年2月には霊感商法被害救済担当弁護士連絡会（被害弁連）が結成され、同じころ、日弁連（日本弁護士連合会）の消費者問題対策委員会には「霊感商法問題対策プロジェクトチーム」が設置される。「朝日新聞」の調査によると、1985年からの3年間に全国の消費生活センターに寄せられた相談件数は1万3429件、被害総額は実に183億3554万円に上った。

甚大な被害をもたらした霊感商法は、すべて統一教会員によって行なわれてきた。ところが、統一教会は「霊感商法」は教会員が個人的に行なったものであり、組織的な関与を一貫して否定しており、現在に至るまでこうした姿勢を頑《かたく》なに崩していない。教団の主張は、「統一教会は宗教法人であるから収益事業を行なっていない。ただし、信者には職業選択の自由がある」というものだ。つまり、信者が勝手にやったことだという見解である。しかし、いくら統一教会が否定し続けようとも、霊感商法が教団の主導の下、組織的に行なわれてきた事実は、「文藝春秋」に掲載された副島の告発をはじめとする無数の証拠や、脱会した元信者や現役の会員の証言、さらには民事、刑事の判決によって裏付けられていく。

1988年3月、日弁連が公表した「霊感商法被害実態とその対策について（その二）」と題した報告書は、統一教会と霊感商法との関係を具体的な根拠をもって結びつけた。報告書をまとめた霊感商法問題対策プロジェクトチーム主査の浅岡美恵弁護士は、こう話した。

「霊感商法の被害は、この10年間、形は変わっても、背景にある同じグループの手によってずっと続けられています。そこで今回の報告では、霊感商法にかかわりある組織の有機的関連性を明らかにしました」

この報告書は、当時の霊感商法の特徴をこう分析している。

まず、第一の特徴は、1987年3月末で霊感商法と誤解されるような販売は止めるとしたという「統一教会の事業部門」である教団系企業・ハッピーワールドの「自粛宣言」以降も、巨額の被害が後を絶たなかったことだ。「誤解を生ずる物品販売は一切禁止することを昭和62年(編註・1987年)3月末日をもって弊社関連業者に徹底通知致しました」という文書が通産省(現・経産省)や国民生活センターなどに提出されていた。

ところが、日弁連が各地の弁護士会を通じて霊感商法の被害を集計すると、「自粛宣言」から1年ほど後の1988年2月末の段階で、少なくとも被害者が48人、被害総額が1億6896万円に上っていたことが判明する。ただ、霊感商法の被害を正確に捕捉することは難しい。この被害規模を遥かに上回る調査結果もある。全国弁連が1988年2月27日に発表したところによれば、「自粛宣言」から5か月経過した1987年8月以降に各地の被害対策弁護団に持ち込まれた被害相談は、全国26都道府県で約４４０件、被害総額は実に12億円を超えた。

第二の特徴は、手口に若干の変化が見られることである。

浅岡弁護士は、「まず宗教的人間関係を形成した上で販売を実行していること、さらに弥勒《みろく》仏《ぶつ》など新たな商品も加わり多様さが見られる」と指摘している。

霊感商法の手口の変化は次のようなものだ。

1　印鑑、表札、化粧品などの販売員が、戸別訪問でやってくる。手相占いなどの場合もある。
2　友人や親戚などのつてで、宝石、毛皮、着物、絵画、カーペット、羽毛布団などの展示会へ誘い、主としてクレジットで物品を購入させる。
3　こうしてできた人間関係を利用し、霊界や宗教、モラル低下などの話をし、ビデオセンターに誘いだす。
4　販売員のホームパーティやサークル活動に誘うこともある。
5　その上で霊石愛好会の「道場」に誘う。ここでは、「霊能師」が長時間にわたる強引な説得で念珠、弥勒仏などを購入させる。祈禱料、献金を強いることも多い。

「ビデオセンター」とは、統一教会が勧誘の入口として誘い込む施設で、自己啓発セミナーのような講義ビデオを見せ、霊界の存在や先祖の因縁などを信じ込ませる。ビデオセンターでの被害については、教団の使用者責任を認める判決が何件も出ている。

法外な価格の念珠や弥勒仏などの購入を強いる霊感商法の最終段階に登場する「霊石愛好会」とは、1980年ころから存在した教団系組織だ。脱会した信者や霊感商法の元販売員から私が得た証言によれば、壺や多宝塔を購入した客にアフターケアする際、霊石愛好会の名前を使っていたという。霊石愛好会が組織として表舞台に姿を現しはじめたのは、霊感商法に対する社会の批判が高まり、教団系企業が名ばかりの「自粛宣言」を出した1987年の春くらいのことだ。世間からの批判をかわすように、全国各地で「霊石に感謝する集い」などの集会の開催が相次いでいた。

霊感商法の手口の変化とは、端的に言えば、先祖の因縁話で不安にさせたり、祟りがあるなどと脅したりする詐欺や脅迫まがいの販売手法から、表面的には宗教活動の形を装った「販売」や「献金」への衣替えと見ていい。

日弁連の報告書「霊感商法被害実態とその対策について（その二）」は、教団系企業の「自粛宣言」以降の被害が霊石愛好会によるものと明言し、結語でこう強調している。

「今後、社会非難をかわすために宗教活動を装うなど販売形態や手口を変えながら霊感商法被害が再び潜在化して継続・拡大することが強く懸念され、今後とも監視が必要である」

安倍元首相を銃撃した山上徹也の母親が統一教会に1億円以上も「献金」したことによって家庭が壊れたように、教団信者は苛酷な献金を強いられ、カネをつくるために犯罪に等しい霊感商法に手を染めている。だが、副島の告発によれば、「教祖は、日本から莫大な金額を持ち出すことも、そのために日本人会員が苦吟することにも、良心の呵責《かしやく》を感じないと断言している」。

## 「世界復帰のために四権を握れ！」

副島による「文藝春秋」誌上の内部告発で注目すべきは、1983年5月に韓国の済州島《チエジユド》グランドホテルで開かれた幹部会議で下された文鮮明の指令だ。教祖は「世界復帰のために四権を握れ」と命じたという。

「世界復帰」とは何かについて述べる前に、「国家復帰」について説明しよう。

2023年5月、統一教会は教祖亡き後、3男派、7男派と分裂したため、後継として総裁に就任した文鮮明夫人・韓鶴子体制を確立するため、大幅な組織改編に踏み切った。そこで掲げられた目標が「VISION 2025 勝利のための神韓国6ヶ月総力伝道活動」だ。信者1人が新規に1人に伝道し、教会ごとに礼拝者の3倍増をめざす。スローガンにある「VISION 2025」とは、もともと韓国と日本の「国家復帰VISION 2027」だったが、これを2年前倒ししたものだ。信者数の増加はすべての宗教がめざすところであり、伝道がどの宗教にとっても重要であることはいうまでもない。だが、教団の「国家復帰」が問題なのは、統一教会をその国の宗教、すなわち国教にすることだからだ。

現代においてカルトの色濃い新興宗教が国教化をめざすなどといえば、あまりに非現実的で一笑に付す人も多いだろう。ことに、日本では、政教分離を定めた憲法20条で「いかなる宗教団体も、国から特権を受け、又は政治上の権力を行使してはならない」と事実上、国教を禁止している。では、統一教会の狙う国家復帰とは何か。現実的には、これまでも行なわれてきたように有力な政治家を取り込み、教団の望む政策を実現することであり、これによって国家を水面下で操ろうとしているのだ。陰謀論にも映るが、文鮮明教祖が超法規的に日本への入国を果たしたように、統一教会がこれまでも日本の政治に影響力を行使してきたことは紛れもない事実なのである。

生前の文鮮明が命じた「世界復帰」とは、統一教会が世界の宗教になることを意味する。そのために掌握しろと指令した「四権」とは、①思想、②科学技術、③言論、④経済の4つの分野を指す。

経済については、教団は当時、伝道の中心となっていたアメリカでニューヨーカーホテルを買収するなど、多くの施設を保有し事業活動を拡大。現在も水産事業などが大きな収益を上げ、重要な資金源のひとつになっている。そのほか、進出した南米・ウルグアイでは銀行、大型ホテル、新聞社や出版社を買収した。

済州島グランドホテルで開かれた教団の幹部会議に出席していた副島は、告発記事の中でこう述べている。

「四権の一つの経済に関連して、資源国ウルグアイに基盤をつくるため、すでに銀行を買収中であると語った。

その四権の他の三権についていえば、思想に関しては、学者、文化人組織世界平和教授アカデミーを七十カ国に設立する。世界平和教授アカデミーは昭和四十九年（編註・1974年）に日本にも設立され活動を続けている。科学技術については、西ドイツで買収したバンダラ社を基盤に統一産業（韓国にある統一教会系企業）の技術を世界的水準にもってゆく。言論に関しては、先に設立した『ワシントン・タイムズ』を中心に全米五カ所にタイムズグループをつくる。日本では朝日、毎日、読売のどれかを買収する。信じ難いことであるが、日本の大手新聞社買収の件は現在、具体的な話が来ているので、二年後には着手する、といった内容だった」

副島の告発が世に出た1984年、統一教会の政治部門を担い、「教団のもうひとつの顔」である反共団体・国際勝共連合の会員数は、750万人に上った（勝共連合ホームページ）。組織の編成としては、中央本部、都道府県本部、市区町村支部、そしてその下にある最小の組織単位である班からなる。750万とは、もちろん誇張である。

国際勝共連合が全国に根を張る目的で活動しているのが、関連団体の「東西南北統一運動国民連合」だ。さらに、「勝共連合を応援する会」「勝共国民運動の防衛問題に協力する会」「全国教授勝共講師団」といった友好団体、あるいは傘下の団体が本体の周辺に組織されている。国際勝共連合と同様に、統一教会も数多の関連団体、友好団体を抱える。ダミー組織やフロント団体を数多く設立し、活動の主体をわかりにくくするのが教団の特徴と言っていいだろう。

1970年代末、国内ではスパイ防止法（国家秘密法）の制定を求める動きが保守層の間で活発化した。当時、国際勝共連合はこれを後押しし、「スパイ防止法制定3000万人署名国民運動」や「スパイ防止法制定促進国民会議」といった組織を結成したのが象徴的だが、国民の間にある根強い反共意識を利用して国内保守層を組織化していった。

共産主義を掲げ、東側陣営を率いて資本主義陣営と対立してきたソ連が1991年に崩壊すると、東西南北統一運動国民連合は、新しい思想である「頭翼《ヘッドウイング》思想」を強調し、学者、研究者、学生などの若年層の組織化を目論んだ。「頭翼思想」とは、文鮮明教祖が冷戦終結後の世界を統合するために提唱したもので、「民主主義と共産主義、すなわち右翼と左翼のどちらにおいても限界があり、課題があることを克服して右と左をひとつにすることができる」という「思想」だ。「共産主義に勝利する」目的が実現していった結果、さらに現実に適合するために新たな方針が必要となったのだ。


こうした組織化のための多彩な手段やツールこそが、フレイザー委員会報告書が指摘した「文鮮明機関」の「文化事業」であり、副島の「文藝春秋」誌上での告発によって明らかになった「四権」のひとつ、「思想」だった。

「世界復帰のため四権を握れ」と教団幹部に指令を出した文鮮明の野望とは、政治権力と相互補完関係を保ちながら、科学、思想、経済、言論といった分野で影響力を強め、自らを世界の権力者に育て上げる——「世界の王」となることが最終的な目標であり、文鮮明は主観的には本気で世界に君臨しようとしていたのである。

「文鮮明機関」はさまざまな文化組織を設立し、多くの活動を行ない、それは現在も続いている。これを可能にするだけの経済力を統一教会は有している。フレイザー委員会報告書が「製造業、国際貿易、防衛契約、金融、その他の事業活動を行う多国籍企業に類似している」と指摘する所以である。

『統一教会実録』（世界基督教統一神霊協会歴史編纂《へんさん》委員会編）に掲載された「文鮮明先生の公式略歴」には、創立、経営している事業体についてこう記されていた。

「１９６６年度、韓国の統一産業株式会社創立を起点として、韓国に株式会社一和、韓国チタン（株）、アメリカに統一エンタープライズ（株）、一和人参会社など、世界に数百個の企業体を創立経営している」

　また、韓国の月刊誌「新東亜」（１９８６年12月号）によれば、統一教会が当時、所有、あるいは傘下に収める企業は１５０を数え、その数字の上からだけ見ても巨大財閥を凌駕する財力と勢力を保有しているとの指摘もあるほどだ。この調査では教団の関連組織として５つの宗教団体、18の教育機関、11の言論機関、２つの社会団体、そして、８つの文化事業団体が存在する、としている。

「文鮮明機関」は、まさに「多国籍企業を上回る存在」（フレイザー委員会報告書）であり、副島の内部告発とも内容は合致している。

副島リポートは、次のように締《し》め括《くく》られている。

「良識あるリベラリスト、愛国者は、この実体をはっきり知って、統一教会、勝共連合を腹中の毒として排泄するべきである。彼らは平和教授アカデミー、学際会議、科学の統一に関する国際会議、世界メディア会議、知識、世界日報など、様々な顔をもって接近してくる。この統一教会、勝共連合から、日本の良識と伝統精神、そして多くの青年男女を守りたいというのが、私たちの現在の心境である」

ここまで踏み込んで教団の内情を明らかにした副島には、相当な葛藤があったのだろう。リポートの中で、こんな心情を漏らしている。

「ここまで書くということは、私たちの青春を全否定する決断と身の危険を覚悟した上でのことである」

## 告発の行方

内部告発記事が載った「文藝春秋」は1984年6月10日に発売される。その8日前の夜のことだった。

副島は家路に就いていた。東京・世田谷の自宅マンションの入口付近に、カーキ色の上着を着て白いズボンを穿《は》いた坊主頭の男が目に入る。

男は「この野郎」と叫んでいきなり副島に襲いかかる。手にした刃物で副島の頭や腕、背中をメッタ刺しにし、何度となく殴りつけると走り去っていった。

副島は命からがらマンション3階の自宅にたどり着く。血塗《ちまみ》れの副島を見た妻はすぐさま警察に通報する。この夜、たまたま副島宅に来ていた「世界日報」の元社会部記者が見た光景は凄惨なものだった。副島の左こめかみからはホースから水が噴き出すように鮮血が吹き出し、玄関は血の海となった。救急車の到着を待つ間、夫人とタオルで止血を試みたが背中と腕の傷がとくに深く、指が肉と肉の間にめり込んでしまうほどだった。ようやく来た救急車に担架で運ばれた副島は、病院に着くと意識を失う。

背中から左胸に達した刺し傷は深さ15センチ、心臓からわずか5センチしかずれていなかった。もし動脈が傷付いていたら、間違いなく死んでいただろう。背中のほか、左側頭部、左腕の傷も深く、瀕死の重傷を負っており、一時は重体に陥る。手術が成功し、副島が意識を取り戻したのは襲撃から2日後のことだった。そのまま1か月ほど入院することになる。

副島が告発記事で記した「身の危険」の予感は的中してしまった。

意識を回復した副島は、次のような声明を発表した。

「一、暗やみの中で、問答無用と凶刃を振りかざした徒は韓国空手の使い手であり、組織の命令に絶対服従して私を殺そうとしたものと思う。
二、これまで私は青春のすべてを組織の発展に尽して来たが、もしも暴徒がこの組織の命令でやったとするならば、私の青春は全く灰にきしたものと思う。組織が真の信仰にたちかえることを祈るものである」

いったい誰が襲ったのか。「週刊文春」（2022年8月4日号）で、犯人像について襲われた本人が語っている。

「『文藝春秋』の発売前でしたが、手記の掲載がどこからか漏れたのでしょう。犯人の顔に見覚えはなかったものの、襲われた時には韓国の空手の使い手だと直感しました。犯行後、犯人は空港に向かって韓国に逃げたと考えています。ただ、少なくとも私は、教団以外から恨みを買った覚えはありません」

「週刊文春」の取材に対して、統一教会は次のように回答した。

「（統一教会の信者が犯行に関与した）事実は一切ありません」

警察は傷害事件として捜査を行なったが犯人の逮捕には至らず、7年後の1991年に公訴時効が成立している。当局はなぜ殺人未遂事件ではなく傷害事件として捜査したのか。副島が一時は重体に陥ったことからも、犯人の目的が殺害だったことは誰の目にも明らかだった。大きな謎が残ったままである。

# 第7章 「赤報隊事件」疑惑

## 70年安保前夜、空気散弾銃2500丁を輸入

1975年、イギリス下院の報告書は、統一教会は「小型の銃器さえ製造している」と衝撃的な事実を明らかにした。さらに、1978年には米国議会のフレイザー委員会報告書が、教団の多国籍企業との類似性を指摘した上で、「下級構成員の訓練と活用という点では準軍事組織に似ている」と分析している。

日本の「70年安保」前夜、東西冷戦下でイデオロギーが激しく対立するさなかの1968年、朴正熙韓国大統領が政治目標に掲げる「反共」を実現するため、KCIA（韓国中央情報部）の命を受けた統一教会の文鮮明教祖は、政治活動を担う国際勝共連合を設立する。教団が前面に押し出した宗教団体という「表の顔」の背後に隠れる格好で、「もうひとつの顔」である政治

団体としての動きを活発化させていく。誕生した当初、韓国の一ローカル宗教にすぎなかった統一教会は、急速に政治色を強めていった。そのころ日本の捜査当局は統一教会＝国際勝共連合に重大な関心を寄せていた。

1968年2月、韓国の統一教会系企業集団・統一グループ傘下の銃器製造部門である鋭和散弾銃が製造した空気散弾銃「鋭和BBB（B3）」を、この年に日本で設立されたばかりの国際勝共連合と関係の深い日本企業・幸世物産が2500丁も輸入していたのだ。空気銃と聞けばモデルガンを想像する向きも多いかもしれないが、鋭和BBBの銃口初速は約1000フィート（約305メートル）／秒と、小型拳銃を上回り、中型拳銃に匹敵する能力を持つ危険な銃器だった。銃口初速とは、銃口から弾丸が射出される時の速度のことだ。銃の威力は銃口初速が速ければ速いほど、殺傷能力は高まる傾向にある。

1971年3月26日、これを問題視した日本共産党の林百郎衆議院議員が衆議院地方行政委員会で、反共の右翼団体である国際勝共連合の空気散弾銃輸入について、通産省がどういう事情で輸入を許可したかを質問している。

通産省は、輸入貿易管理令に基づき許可を出したことを認め、許可には2つ条件があると説明した。その条件とは、①武器等製造法の販売許可を得ていること、②輸出元の鋭和散弾銃と輸入元の幸世物産が輸入総代理店契約を結んでいることであり、幸世物産がこの条件を満たしていたため許可したという。さらに、散弾銃2500丁が輸入された1968年当時の法律(鳥獣保護及狩猟ニ関スル法律)では、空気散弾銃は猟具として禁止されていなかったことも理由に付け加えた。

ところが、続いて答弁に立った後藤田正晴警察庁長官のトーンは、通産官僚の受け答えとはかなり違った。

「幸世物産と勝共連合というのはきわめて密接な関係がございます。ただいま通産省からお話があったように、二千五百丁の空気散弾銃が輸入をせられた。私はこの空気散弾銃というものが輸入せられた経緯は、通産省として、その当時の状況でやむを得なかったと思います。しかし、問題は、こういう銃砲刀剣類所持等取締法の対象になる銃砲というものは、狩猟の用具にするとか、運動といいますか、競技の用とか、それぞれ目的がきまっているわけですね。その目的に照らしてこの空気散弾銃がはたして適正なものかという点に私どもは疑問を抱いたわけでございます。そこで農林省とよくお話をいたしまして、農林省のほうでも、この空気散弾銃は半矢になるのですね、したがって猟具としては不適切ということで、規則を改正していただいて、第二回目以降は輸入を禁止するということで処置をしたわけでございます」

「半矢」とは、狩猟において放った弾が鳥獣に命中はするものの、致死に至っていない状態のことだ。標的が熊や猪《いのしし》といった大型獣の場合、手負いになり危険なので半矢になるような銃は狩具に適さない。後藤田警察庁長官は、「狩猟の用具にする」とする幸世物産の主張の矛盾を鋭く指摘したのだ。

後藤田長官は、こう続ける。

「私どもとしても、したがってこういうものをほうってあるわけではないわけなんです。十分に私どもとしてはそれは監視をして、そしてこの二千五百丁以外は自今入れない、こういう処置をした。ところが、今度はこの輸入業者のほうは、猟具でだめなら、それじゃ競技用でどうだ、こういうことを私のほうに言ってきた。しかし、今日空気散弾銃の競技というのは一体あるのか、どこにもないじゃないかということで、私どものほうとしては認めない、こういう態度で今日に至っておる。したがって、私どもとしては、この空気散弾銃を認める意思はございません」

この国会答弁の9か月前、「鳥獣保護及狩猟ニ関スル法律」は改正され、1970年6月より鋭和BBBは所持も輸入も禁止された。幸世物産はさらに1万5000丁の輸入を申請したが、通産省はこれを却下した。

この時の質疑では、幸世物産と国際勝共連合の関係を問われた通産省工業局次長は、「資金的につながりがある」と判断していることを明かし、後藤田警察庁長官が「幸世物産と勝共連合というのはきわめて密接な関係」と答弁した。ただ通産省工業局次長は、警察が両者の関係を把握したのは、「その後の調査」があったからだとも答弁している。後藤田警察庁長官は語っていないが、1968年の後半、全国の統一教会員がさみだれ式に地元の警察署に散弾銃の所持許可申請を出していた。約3か月の期間に約1000人の信者たちが動いたのだ。警察当局が警戒したことは言うまでもない。統一教会は霊感商法を行なう際、多くのダミー組織やフロント団体をつくり、教団との関係が一見してわからないようにしてきた。2500丁もの空気散弾銃が国内に持ち込まれた時、当局は幸世物産と国際勝共連合の関係を正確には突き止めていなかったのだ。統一教会信者たちは正体を隠して、大量の銃器の輸入に成功していたのである。

狩猟にも競技にも使えない空気散弾銃を、国際勝共連合はなぜ執拗《しつよう》なまでに輸入を試み、何に使用するつもりだったのか。捜査当局の最大の関心はここにあった。

「鋭和BBB」が禁輸になった後も、銃器の輸入は続いたその後、日本政府が輸入を禁止したことで、統一教会系の銃器メーカー・鋭和散弾銃は空気散弾銃の輸出を諦めたかのように見えた。ところが、それはあくまでも表面上の態度にすぎなかった。散弾銃の輸出は止めたものの、今度は単発の空気銃を新たに開発し、名前を「鋭和BBB」から「鋭和3B」に変えて輸出を続けていたのだ。

日本政府はなぜ、銃器が国内に入ることを許したのか。単発の空気銃は国内で流通しており、輸入規制を課すことができなかったからだという。単発銃・鋭和3Bの輸入を担ったのは、散弾銃・鋭和BBBの輸入元企業とは別の「統一産業」という会社だ。教団系企業であるこの会社は、鋭和BBBの輸入元である幸世物産が社名を変更しただけの会社であり、その実体はただ看板を付け替えただけの同一企業だった。

1973年4月5日の衆議院内閣委員会で単発空気銃の輸入を問題視した日本共産党の中路《なかじ》雅弘衆議院議員が政府に質《ただ》したところ、明らかになった鋭和3Bの輸入量は1970年に3000丁、1971年に9000丁、1972年に8000丁で、総計は実に2万丁だ。ただし、これは政府が認可した輸入量であり、実際には1万5700丁が国内に入っていた。

量の多さに驚くが、問題はこれにとどまらない。鋭和3Bは輸入・所持が禁じられた鋭和BBBと構造がほとんど変わらず、非常に高い銃口初速を維持していたからだ。統一教会系企業が組織的に輸入していた鋭和3Bは、輸入が禁じられた鋭和BBBと同等の威力を有していたともいえる。

質問に立った中路議員は、政府委員にこう指摘した。

「十メートル離れたところで厚さ二センチの板で試射をやった場合に、この鋭和3Bというのは完全に板を貫通します。普通の空気銃ですと（編註・弾が）板に入るわけですね。また銃砲店の話ですと、普通の空気銃の約三倍以上の威力のある銃だということをいっている」

「空気を最高に詰めたときは一・六ミリの鉄板を撃ち抜いているわけですね。その点では非常に殺傷能力を持った銃です」

中路議員に対して答弁に立った警察庁刑事局保安部長は、「40から50発を連射できる」と鋭和3Bの威力を認めた。

鋭和3Bの危険性は、専門家も認識していた。殺傷能力の高さを深刻に受け止めた日本ライフル射撃協会は、公認の射撃場での使用を禁止に踏み切っている。ところが、この「使用禁止」の処置は実質、骨抜きにされていた。驚くことに、統一教会の信者が全国に銃砲店を開いてこれを販売していたばかりか、教団系企業である統一産業の関係者が鋭和3B用に射撃場を設けていたのだ。政府の当時の国会答弁によれば、その数は全国8か所に上った。

教団系企業は、殺傷能力を有する空気銃・鋭和3Bを輸入する前の1960年代後半から1970年代初頭にかけて、政府が禁輸とした空気散弾銃・鋭和BBBを信者が経営する全国の銃砲店で販売しており、1974年ころには、北は北海道・札幌から南は九州・鹿児島まで、統一産業関連の銃砲店は、全国に25店を数えた。その後、文鮮明教祖自らが『真の御父母様の生涯路程6』（光言社、2000年）で明かしたところによれば、店舗数は38に達したという。

殺傷能力の高さから、日本ライフル射撃協会公認の射撃場での使用を禁止された鋭和3Bは、教団信者が経営する銃砲店が設けた「会員制」射撃場で秘かに使われ続けていた。射撃場は、大阪や名古屋などの大都市を中心に全国に散在しており、仙台では住宅街に堂々と建てられた射撃場で小型拳銃を超える威力を持つ空気銃の射撃が繰り返された。射撃場の「会員」には、ごくふつうの会社員をはじめ、警察官や自衛隊員も名を連ねた。

統一教会系企業はなぜ、空気散弾銃の輸入を試み、日本政府がこれを輸入禁止とすると、今度は名前を少しだけ変えた単発空気銃を輸入し、自前で射撃場まで全国に設置したのか。

空気銃の製造、輸入、販売に執着したのは、文鮮明教祖の命令だったからだ。「趣味産業をつくれ」という号令の下、教祖が狩猟を趣味にしていたことから銃器の製造を手掛けるようになったのだ。現在、アメリカ有数の魚介類卸会社に成長を遂げ、統一教会に莫大な富をもたらしている教団系企業が設立されたのも、文鮮明の趣味が釣りだったからだ。だが、空気銃などの銃器製造と所持、訓練を支えた信者たちの心は、1970年代の安保闘争という国内政治、激化する冷戦体制下の国際政治の中で、「勝共」という強烈なイデオロギーに傾いていく。もはや、当初の創業理由だった「趣味」の域を遥かに超えていった。

## 教団擁護の姿勢をあらわにする自民党

1973年4月の衆議院内閣委員会では、田中角栄内閣の通産大臣を務めていた中曾根康弘も答弁に立っている。当時、まだ統一教会と深い関係になっていなかった中曾根は、共産党の中路衆議院議員の「安全、治安上重大」という指摘に対して、「警察庁とよく連絡を緊密にとりまして、善処致します」と神妙に答えていた。

ところが、統一教会の政治部門を担う国際勝共連合に賛同する「勝共推進議員」130人を国会に送り込んだ1986年の衆参ダブル選挙を機に、教団と自民党は接近し、その後も両者の蜜月は続いていく。

親密ぶりは、総理総裁まで上り詰めた中曾根の国会答弁にも如実に表れた。

1980年代に入ると、統一教会による霊感商法が全国で猛威を振るい、多くの被害者を出していた。「朝日ジャーナル」（1986年12月5日号）が霊感商法批判キャンペーンを開始、大手新聞をはじめとするメディアも教団を厳しく追及した。霊感商法は国会でも問題となった。

1987年7月10日の参議院本会議では、共産党の佐藤昭夫議員が中曾根首相に、こう詰め寄っていた。

「三年間余りで一万三千四百二十九件、百三十八億円余の被害という霊感商法の背後に、韓国仕込みの謀略団体、統一協会、勝共連合があることは明白なのに、総理の御子息や福田元首相らが勝共連合の依頼で霊石感謝の会に祝電を打っています。一方、これを糾弾するマスコミや弁護士などに対する脅迫も続いています。（略）総理、自民党総裁として、今後、勝共連合ときっぱり手を切ると明言されますか」

これに対して中曾根首相は、憮然とこう反論する。

「いわゆる霊感商法という問題で、悪質な商法については、従来から被害の未然防止措置や取り締まりを積極的に行っておるのであります。一部団体との関係について、自民党は縁を切れとかなんとか言っておられますが、これは思想と行動の自由に対する重大なる侵犯発言であると私は考えています。共産党の独裁的な政策のあらわれではないかと私は考えています。こういう思想と行動の自由を侵害するような、こういう憲法違反的発言はぜひ慎んでもらいたい」

14年前に通産大臣として統一教会問題に答弁した時とは、答弁のトーンは打って変わった。教団を擁護する姿勢を前面に出したばかりか、反共思想もあらわに共産党議員を批判したのだ。中曾根の変節の背景に、統一教会との密接な関係ができていたことは明らかだ。

## 原理研究会の誕生

1960年代から、全国の大学に原理研究会（正式名称・全国大学連合原理研究会。略称・CARP）が設立された。統一教会の教理「統一原理」を研究する学生サークルであり、教団が提唱する理念「為に生きる」を実践するためにボランティアなどの地域貢献活動を行なっているという建前だが、実際には学生を統一教会に勧誘するための偽装サークルにほかならない。統一教会の悪質性として宗教団体であることを隠して信者を勧誘する点が挙げられるが、学生サークルにおいてもこの手法は踏襲されている。

原理研は、統一教会が宗教法人の認証を受けた1964年に早稲田大学などで設立された。それ以降、全国大学連合原理研究会として、各地の大学に浸透をはじめる。

だが、誕生直後から原理研は社会問題を引き起こした。加入した学生は活動に熱中して学業を放棄したり、教団施設に泊まり込み家に帰らない者が続出する。さらに、親に多額の寄付を要求し、これを拒まれると「サタン」と罵倒したり、自殺をほのめかし、果てには精神に異常をきたす学生まで現れた。信者の学生たちは街頭での布教活動や難民救済を謳《うた》った詐欺まがいの募金活動、戸別訪問による珍味などの押し売りといった不眠不休の重労働によって、心身を壊す者も多かった。こうした原理研の活動によって、多くの家族が家庭崩壊に追い込まれたのだ。

原理研の活動を初めて批判したのは「朝日新聞」だ。「親泣かせの『原理運動』」という記事は、原理研に入った若者たちが学業放棄や家出をするため家庭破壊が起きたという父母の訴えを紹介していた。「朝日新聞」の取材に対して全国大学原研の小宮山嘉一会長は、「運動の基礎をつくるまでは激しい方法もとったが、これからは家庭とのトラブルも少なくする方向にもってゆく」とコメントした（1967年7月7日付）。家庭を壊された親たちは同年、「原理運動対策全国父母の会」を結成、日本弁護士連合会人権擁護委員会に提出した調査統計によれば、全国119人の調査対象のうち、死者3人、行方不明32人、精神異常が49人、家出状態にある子女は90人に上った（複数回答をふくむ）。ただし、この調査結果は回答を得た分のみであり、同会が把握している被害はさらに多いことが窺えた。

現在でも、東京大学、京都大学、早稲田大学など、全国の大学に原理研は存在する。とくに、1年生は親元を離れて初めて独り暮らしをする学生も多く、新入生なのでまだ友人がおらず、原理研の勧誘の格好のターゲットになっている。統一教会が大きく社会問題となった1990年代以降は、東北大学や大阪大学などで、新学期や夏休み前などの時期に、大学当局が原理研に注意するよう、告知をするようになった。

東京大学では、他大学の女性信者を集めて男子学生を勧誘する「東大エバ部隊」までつくっていた。こうして勧誘され、原理研に入会した者の中には、検事や弁護士、あるいは学者になった者もいる。

## 早大原理研メンバーの勧誘

原理研が社会に及ぼした悪影響はこれにとどまらない。

全国大学連合原理研究会が発足した1964年、早稲田大学でも原理研が産声を上げる。わずか3人の学生によって発足した早稲田大学原理研究会は、2年で38人の会員数に急成長を遂げ、都内の大学では最大勢力となっていた。

当時の各大学キャンパスは70年安保前夜の政治の季節の只中《ただなか》にあった。早稲田大学は新左翼・革マル派（日本革命的共産主義者同盟革命的マルクス主義派）が暴力で学内を支配し、内ゲバが絶えなかった。このころの原理研の様子は、元朝日新聞社会部記者でジャーナリストの樋田《ひだ》毅《つよし》が、２０２２年に19回にわたって「日刊ゲンダイ」に集中連載した「統一教会 早大原理研と『過ち』の原点」に詳しい。１９７２年に早稲田大学第一文学部に入学し、1年生ながら第一文学部学生自治会臨時執行部委員長として自治会再建の先頭に立った樋田の記事から、原理研が変貌していくさまを追っていく。

「3人でスタートした早大原研は、64年度末の時点で15人に。翌65年度には23人の会員を新たに獲得して計38人になり、都内各大学の原研の中で最大勢力となったという」

ところが１９６７年、急伸する早大原理研に衝撃が走る。「朝日新聞」7月7日付夕刊に「親泣かせの『原理運動』」と題した批判記事が、第2社会面の半分の紙面を割いて掲載されたのだ。一部抜粋する。

「『原理運動』とよばれる宗教的な活動が全国の大学や高校に広がりだし、そのため家庭が破壊されたという父母からの訴えが、学校や警察へ相次いでいる。親たちの訴えによると、このグループにはいった若い男女は性格が変ってしまい『理想社会をつくるため――』といって家出同然、学校には通わなくなり、活動資金をせびるため、関東では父母が〝被害者同盟〟を結成するまでになった」

樋田が寄稿した「統一教会 早大原理研と『過ち』の原点」の第6回連載記事は、当時の原理研会員の動揺とその後の変化をこう記している。

「早稲田大学原理研究会（早大原研）の草創期の活動記録『播植十年』には、当時の会員たちの間に走った衝撃が記されている。（略）

第3代委員長のT氏は『我々自身にも未熟な点があり、純粋一途に走っていたので融通性がないとか、反省すべき点はある』としつつも、『軽薄な一部マスコミによって興味本位的に取り上げられ』『原研の姿をゆがんで伝え』『身勝手な親のエゴが問題を複雑にし、解決の道を困難にさせた』などと怒りに満ちた筆致で綴っている。

朝日の記事をきっかけに、週刊誌、テレビなども原理運動の問題を相次いで取り上げ、騒ぎはさらに広がった。影響は深刻で、記事が出た翌年の68年、早大原研への新規入会者はわずか1人になった。（略）

学生たちは、マスコミや世間の批判を『宗教的な迫害』と受け止めた。

あとには、朝日新聞への憎しみの感情が、澱《おり》のように残った」

創設当初の早稲田大学原理研は、当時でも珍しいほど純粋な学生たちが、少しでもいい世界をつくるために貧しいながらも真摯に日々活動する団体だったという。ところが、統一教会の教義と勝共理論、この後、日本中の大学に訪れる政治の季節が徐々に彼らの姿を変えてしまったのだろう。卒業後の彼らの中に先鋭的な変化を遂げていく者がいた。

### 国際勝共連合の非公然活動・「特殊部隊」

文鮮明教祖の息子の家庭教師を務めたこともある元信者が、同連載第14回で樋田記者に驚くべき証言を語っている。大学卒業後、定期的に軍事訓練を行なっている者がいたというのだ。「国際勝共連合の『特殊部隊』に配属された。非公然活動に携わるため、信者名簿から名前が抹消された。勤め先は、元韓国駐在日本大使の金山政英氏（故人）が所長を務める国際関係共同研究所。E氏は信者であることを隠し、通常のスタッフとして働いた。夜間や休日などに、研究所にあった韓国、北朝鮮関連の情報資料を書き写し、上司である国際勝共連合の幹部や世界日報などに送っていた。82年に統一教会の教理に疑問を感じて脱会したが、組織上層部から『どんな内部情報を持ってやめたのか』と警戒され、E氏と接触のあった者たちが事情聴取されたという。

その後、E氏は統一教会からの脱会活動に取り組むキリスト教のグループに加わった。その活動でも、情報収集の能力が生きた。古巣の国際勝共連合の非公然組織の解明にも力を入れ、かつての仲間の女性から『秘密軍事部隊に所属し、銃の実射訓練に参加した』との情報を得た。私がE氏と知り合ったのも、その頃だった。私もE氏に付き添って女性に会い、『元陸上自衛隊員の信者が実射訓練を指導していた』との話を2人で聞いた」

70年安保前後の混沌《こんとん》とした時代に、銃器の射撃訓練ばかりか、陸上自衛隊の訓練にまで参加する宗教団体の学生組織は異様だ。統一教会信者たちの行動は、厳しい上下関係に基づいている。「アベルーカイン」関係といい、上司の命ずることは、無条件に実行しなければならない。射撃訓練を行なうことを指示したのは、いったい組織のどのようなルートだったのだろうか。若い統一教会信者たち10人が、韓国の統一産業の敷地で銃器を手にした写真も残っている。銃器の製造・購入、射撃訓練を行なったその先に、統一教会信者たちは何をめざしていたのか。

## 霊感商法批判キャンペーンと統一教会の反撃

1980年代に入ると、「先祖の祟りだ」などと脅して、印鑑や壺を法外に高い値段で売りつける霊感商法が社会問題となった。「朝日ジャーナル」は1984年の原理運動批判キャンペーンでも、信者たちの経済活動を暴露していた。

教団の反応は激烈だった。朝日新聞東京本社には1週間で4万6000本もの抗議電話が殺到し、回線はパンクした。教団は信者を動員して組織的な圧力をメディアにかけてきたのだ。影響は朝日新聞社だけにとどまらなかった。本社の社屋がある東京・築地では、隣接する国立がんセンターや向かいの築地市場など、近隣一帯の電話がつながらなくなってしまったのだ。

もちろん、教団本体も「朝日ジャーナル」編集部に抗議してきた。

「教団は収益活動はいっさい行なっていない」

統一教会が社会問題を引き起こした時の言い分は、いまに至るまで変わっていない。「信者の個人的な活動」だとまったくの形式論理なのだ。

2009年、霊感商法は刑事訴追され、有罪が確定している。印鑑を販売する有限会社・新《しん》世《せい》の社長、幹部や販売員ら7人が、渋谷駅周辺で30代から60代の女性5人を勧誘し、「先祖の因縁がある。このままでは家族が不幸になる」「印鑑を買わないと命がなくなる」などと不安を煽り、1本16万円から40万円と不当に高額な印鑑を13本売りつけ、特定商取引法違反（威迫・困惑）の疑いで警視庁公安部に逮捕された。いわゆる「新世事件」である。

東京地裁は判決で、教団のダミー組織である新世の印鑑販売は「信仰と渾然《こんぜん》一体となったマニュアル」を基に、これを「信仰にかなったものと信じて」「信者を増やすことをも目的」として、統一教会の宗教活動と霊感商法は一体のものと認定した。つまり、「信者が勝手にやっていることで、教会は関係ない」という教団の主張を、司法が真っ向から否定したのだ。

統一教会による高額な献金の勧誘も、２０１６年に東京高裁が「教団そのものの組織的不法行為」と認定し、判決が確定している。国際合同結婚式についても、２００２年に東京地裁が信者に参加を強要したことを違法とした（後に最高裁で確定）。

教団の抗議に話を戻そう。

朝日新聞社は毅然とした対応に打って出る。統一教会に「それ以上続けるなら裁判に訴えて記事にする」と告げると、抗議電話がピタッと止まった。だが、教団は反撃を諦めたわけではなかった。抗議の効果がないことがわかると、標的を朝日新聞社や「朝日ジャーナル」から記者やその家族に変えたのだ。

当時、「朝日ジャーナル」の記者だった藤森研は、「AERA dot.」のインタビューに、統一教会の犯罪すれすれの〝抗議〟について、その異様さを生々しく話している。

「86年12月ごろ、霊感商法追及キャンペーンを始めてすぐのころでした。当時、僕は東京・三《み》鷹《たか》の借家に住んでいた。家主の息子が『未明から変なワンボックスカーが向かいに停《と》まっている。中には屈強な若者が何人か乗っていてこちらをずっと見ているよ』って、知らせてくれた。それが嫌がらせ、個人攻撃の始まりでした」

休日、家にいると嫌がらせ電話がかかってきた。

「『この世界で飯を食えなくしてやるからな』とか、いろいろなことを言うわけです。それから、なぜか娘の名前を知っていた。『○○ちゃん、元気？ ふふふ』。心配になって、下校時に迎えに行った。そんな電話がじゃんじゃん続いた」

自宅に1日100本以上の抗議電話や無言電話がかかり、頼んでもいない大量の寿司や天丼の出前が届けられたという。

こうした犯罪まがいの振る舞いを組織的に行なうのが、統一教会の手口なのだ。霊感商法を批判する弁護士への攻撃も熾烈だった。岡山弁護士会所属の河田英正弁護士は1987年の全国弁連発足当時、さまざまな形で悪質な嫌がらせを受けた。たとえば、事務所と自宅に、ほぼ同じ時間に無言電話があり、時には「イヒヒヒ」という無気味な笑い声が聞こえ、いきなり切られることもあった。嫌がらせはさらにエスカレートし、にぎり寿司6人前の注文、ホノルルまでの航空券予約、引っ越しの手配、ホテル5室の予約、スキン5万円分の予約、ガス漏れ通報、マッサージの依頼などが勝手に行なわれた。「長男が亡くなった」と遺体搬送車を呼ばれたこともあった。元信者の証言によると、こうした抗議行動も、すべて上司の指示によった。

## 赤報隊事件

１９８７年5月3日、民主化した日本の憲法施行を記念する日の夜7時すぎ、兵庫県西宮市の朝日新聞阪神支局2階の編集室では、当番勤務の記者3人が夕食のすき焼きをつつき、ビールを飲みながら一日の疲れを癒やしていた。あらかた食べ終えた8時すぎ、支局の階段を昇る男が一人。全身黒ずくめの格好で、黒っぽい目出し帽。手には散弾銃を抱えていた。

男は編集室に無言で押し入ると、いきなり散弾銃を発砲した。

「パーーーン！」

パーティなどで鳴らすクラッカーのような乾いた大音量が、狭い編集室に響きわたった。はじめに狙われたのは、ソファーに座り雑談に興じていた犬飼《いぬかい》兵衛《ひようえ》記者だった。弾丸は犬飼記者の腹部、右手、左ひじなどに命中、約80個の散弾が体に食い込み、ひどい内出血を起こし、右手小指は吹き飛び、薬指と中指はほぼ切断された。だが、左胸のポケットに入れていた鰻皮製の札入れと金属製のボールペンが、彼の一命を取り留めた。左胸に命中した散弾は心臓から

2ミリの際どいところに達していた。

小尻知博《こじりともひろ》記者はソファーでうたた寝していたが、銃声で目を覚まし立ち上がりかけていた。驚いた犯人は、銃口が接するほどの至近距離から小尻記者の脇腹目がけて2発目を発砲。200個の散弾を撃ちこまれた小尻記者は、救急搬送された病院で、必死の治療の甲斐《かい》なく29年の人生を終えることになる。

もう一人の高山顕治《けんじ》記者は、銃声を聞きソファーの後ろに身を隠した。犯人は銃口を高山記者に向けたが、発砲することなく踵《きびす》を返すと散弾銃を抱えて立ち去った。犯行時間はわずか1分余り。犯人は一言も言葉を発しなかった。

勤務中の記者が襲撃されて死亡する、日本の言論史上初となる前代未聞の事件――いわゆる「赤報隊事件」である。

事件から3日後の5月6日、共同通信と時事通信に「赤報隊一同」を名乗る犯行声明が届く。声明は、同年1月にも朝日新聞東京本社を銃撃したことを明らかにするとともに、「われわれは本気である。すべての朝日社員に死刑を言いわたす」「反日分子には極刑あるのみである」「われわれは最後の一人が死ぬまで処刑活動を続ける」と、朝日新聞への敵意をむき出しにしていた。

事件はこれで終わらなかった。

9月24日には、朝日新聞名古屋本社の単身者用の新出来寮《しんできりょう》がまたも散弾銃で銃撃される。犯行声明には「反日朝日は五十年前にかえれ」と、再び朝日新聞への憎しみがあふれていた。この後も犯行は続き、朝日新聞静岡支局に爆発物を仕掛けるなど、赤報隊事件（広域重要指定116号事件）は1990年まで計8件（関連事件をふくむ）にわたり続いたが、犯人は検挙されず2003年までに一連のすべての事件の公訴時効が成立している。

送り付けられた8通の犯行声明には、「反日分子」「反日マスコミ」「反日企業」など、「反日」という言葉が19か所も出てくる。また、「反日朝日は五十年前にかえれ」と、第二次世界大戦中、戦争に協力する翼賛報道を行なっていた朝日新聞の姿勢に立ち返れと、時代錯誤的な要求までしていた。警察もここに注目し、犯人像を右翼や新右翼など、極めて保守的な政治思想の持ち主と見て、大規模な捜査を展開する。

一方、朝日新聞阪神支局が襲撃された翌年の1988年に、中曾根康弘前首相、竹下登首相にも脅迫状が届く。中曾根に対しては「総理であったとき靖国《やすくに》参拝や教科書問題で日本民族を裏切った」として、「処刑するまで追いつづける」と宣告し、竹下に対しては「貴殿が八月に靖国参拝をしなかったらわが隊の処刑リストに名前をのせる」と脅した。前首相と現首相への脅迫状の内容から、警察が刑事、公安ともに民族派を主とする右翼に捜査対象を絞るのも当然だった。

だが、捜査当局は、同時に別の線も睨んでいたのである。

### 秘密の暴露

朝日新聞阪神支局が襲撃された3日後の1987年5月6日、朝日新聞東京本社に1通の脅迫状が届いた。封筒には、散弾銃の使用済み散弾容器2個が同封されていた。脅迫状の文面には、こう記されていたのだ。

「とういつきょうかいの　わるくちをいうやつは　みなごろしだ」

同封された散弾容器は阪神支局銃撃で使われた米レミントン社製のピータース7・5号弾と同じものだった。ただ、実際の犯行に使用された散弾はアメリカ製で、脅迫状といっしょに届いたのは日本でライセンス生産されたものという違いがあった。もっとも重要なのは、阪神支局銃撃に使用された弾丸が米レミントン社ピータース7・5号弾と報道されるより前に、この脅迫状が投函されていた事実だ。犯人かあるいは犯人の関係者でなければ、脅迫状にこの散弾容器を同封することはできなかった。犯人しか知り得ない事実の告白、いわゆる「秘密の暴露」である。しかも、脅迫状の消印は東京の渋谷郵便局だった。統一教会の本部の住所は、東京都渋谷区松濤である。

日本の言論史上初めてとなる、勤務中のジャーナリストへの言論テロとなった朝日新聞阪神支局銃撃事件が起きた1987年当時、「朝日新聞」や「朝日ジャーナル」は霊感商法を追及するキャンペーンを張り、統一教会の実態を暴き、批判する記事を頻繁に出しており、これに対する統一教会の抗議がいかに激烈で犯罪的なものであったかは、すでに述べた通りだ。教団は信者を動員して、朝日新聞を批判する大量のビラを駅前で撒いたり、朝日本社に街宣車が押しかけたり、両者の関係は極めて悪化していた。

統一教会が窮地に立たされていた時である。

1987年2月、霊感商法被害救済担当弁護士連絡会（被害弁連）が結成され、5月には全国の約300名の弁護士が集まり、全国霊感商法対策弁護士連絡会（全国弁連）が立ち上げられる。常設の事務所を持つ法律の専門家集団が、日常的に統一教会信者たちの霊感商法について情報発信を行なうようになった。教団側にすれば、霊感商法の包囲網が初めてできたといってよい。1987年は統一教会の歴史の中で、霊感商法がもっともやりにくい年となった。実際、この後、教団は「内向」の時代に入り、霊感商法などの物販からの漸次的な撤退を余儀なくされることになる。

赤報隊事件の容疑者として、統一教会関連の名が取り沙汰されることは表向きにはなかった。

## 「オウムの次は統一教会をやる」

1995年3月20日、日本中を震撼《しんかん》させる大事件が起きた。

宗教団体・オウム真理教の信者たちが東京の地下鉄車内で猛毒の神経ガス・サリンを散布し、乗客や地下鉄職員、さらには救助にあたった人々に多数の被害者が出た。その数、死者14人、負傷者は約6300人に達した。人類史上初めて大都市で無差別に化学兵器が使用されたテロ――地下鉄サリン事件である。

オウム真理教は、統一教会と同じように政治への接近を図っていた。ただ、有力な政治家への浸透に成功した統一教会とは違い、自らが国会議員になり、直接政治権力を掌握しようとした。だが、1990年の衆議院総選挙に立候補した25人が全員落選、惨敗に終わる。

国家に対して反逆の姿勢に転じたオウム真理教が舵を切ったのが、武装化路線だった。化学兵器であるサリンやVXの生成、生物兵器として使用されるボツリヌス菌や炭疽菌《たんそきん》の培養、ロシアから入手した自動小銃を基にした銃器の製造など、教団は国家転覆のための準備を着々と進めていく。

一方、警視庁はオウム真理教が実行した目黒公証役場事務長拉致・殺害事件の捜査で証拠をつかみ、3都県25か所の教団施設へ一斉に強制捜査を行なうことを決定した。これに先手を打つ格好で、オウム真理教は地下鉄サリン事件を起こしたのだ。

統一教会をめぐっては、1992年に行なわれた国際合同結婚式がワイドショーなどのテレビメディアで批判的に取り上げられたが、1993年の山崎浩子脱会をピークに報道量は潮が引くように減っていく。代わりにマスコミの俎上《そじょう》に載ったのが、オウム真理教だった。教祖の麻原彰晃がバラエティ番組に出演するなど、オウム真理教は興味本位でメディアに取り上げられるようになった。統一教会を監視するメディアはほとんどなくなり、教団にとって好都合な「空白の30年」はこうして形づくられていった。

地下鉄サリン事件の後、警察は山梨県の上九一色村のオウム真理教教団施設に強制捜査を行ない、教祖・麻原彰晃を筆頭に幹部の大多数を逮捕する。私は当時、オウム真理教事件に絡んで警察の幹部と定期的に会う関係ができていた。情報交換でよく接触したのは警視庁公安部のS総務課長。要所要所で警察庁公安第1課のT課長が顔を出していた。ちなみに、T課長は全国の公安警察にオウム真理教関連の捜査を徹底させ、後に警視庁副総監となった人物である。

この2人に呼び出されたのは、オウム真理教に強制捜査が入った半年ほど後、1995年秋のことだった。

「統一教会についてレクチャーしてほしい」

依頼は簡潔なものだったが、「そこに集まっているのが、どこの誰かは聞かないでほしい」と念押しされた。指定された日時に、東京都内のある施設の一室を訪れる。ドアを開けるとそこは会議室で、目つきの鋭い男たち30人ほどが狭い部屋にぎっしり着席していた。彼らが全国の公安警察の幹部であることはすぐに察しがついた。

1時間ほど、統一教会の歴史、霊感商法の実態、赤報隊事件への関与疑惑などを説明した。誰からも質問はなかった。そのあと、依頼してきた警察幹部2人と食事をしている時、彼らはこう口にした。

「オウムは裁判に入って一段落ついた。次は、統一教会を摘発する」

何から着手するのかと訊《たず》ねると、「経済問題から入る」と言った。「相当な情報源ができた」とも付け加え、統一教会摘発の準備をしていることを明かしたのだ。

2005年、東京・池袋の居酒屋で引退した警視庁公安部の幹部と現役幹部と久しぶりに飲む機会があり、「何もありませんでしたね」「いまだからこそ話せることを教えてください」と聞いてみたことがある。

少し間を置いて、公安幹部はたった一言こう答えた。

「政治の力ですよ」

ＮＨＫが「ＮＨＫスペシャル『未解決事件 File.06 赤報隊事件』」を放送したのは、２０１８年1月27日、28日だ。そのドキュメンタリー部分で兵庫県警の捜査員が名前も顔も出してＮＨＫの取材にこう明かした。

「あの捜査なぁ、『ちょっとストップかかったから置いといてくれ』と、上司から命じられたんだよ」

この番組では、赤報隊の犯人像として右翼、新右翼とともに宗教団体も取り上げられていた。「統一教会」とは明言されることはなかったが、画面には捜査資料の一部が一瞬だが映った。それは統一教会信者が経営していた全国の銃砲店所在地の一覧表などであった。

## 公安の内部捜査資料の標的

赤報隊事件の犯人像について、統一教会の信者、あるいは関係者の可能性もあるのだろうか。

私は事件発生以降も一水会の鈴木邦男や木村三浩、さらには捜査関係者にも取材を行ない、「二人殺傷、朝日新聞阪神支局襲撃から10年　赤報隊と統一教会を結ぶ点と線」（『週刊文春』1997年5月15日号）を書いた。警察が大規模な捜査を長期にわたり行なったにもかかわらず、犯人逮捕に至らずに公訴時効を迎えてしまった。

Ａ4判のペーパー4枚に綴られた「統一協会重点対象一覧表」という捜査当局の極秘資料がある。記述内容から、作成されたのは1996年の秋以降と推測できる。

そこにリストアップされたのは計52人。一人ずつ、「氏名　生年月日」「本籍　住所（電話番号）」といった基本情報が記され、次に「活動拠点」「職業　勤務先（所在地・ＴＥＬ）」と続く。

「活動歴」の欄には、驚くべき記述が多数見受けられた。「軍事部隊員」「元自衛隊」「元銃砲店勤務」「統一教会系射撃クラブを設立しようと工作」「統一教会の裏部隊」……およそ宗教団体信者の「活動」とは思えない衝撃的な文言が並ぶ。

続いて、「犯歴」「免許」「身体特徴　写真」という項目が並ぶ。さらに、「猟銃」「戸籍」「脱会」の項目があり、最後に「備考」欄が設けられている。そこには「勝共の自衛隊工作」「公職選挙法違反」「中核派潜入工作員」「以前、散弾銃・ライフル銃所持」などとある。

象一覧表

| 活動歴 | 犯歴 | 免許 | 身体特徴写真 | 系統 | 戸籍 | 脱会 | 備考 |
|---|---|---|---|---|---|---|---|
| 勝共の非公然軍事部隊 | 無 | 普通 | 写真 有 | 無 | 有 | 協会会員 | 妻 [redacted] と合同結婚 1800双 協会関連企業に勤務 |
| | 無 | 無 | 無 | 無 | 有 | 協会会員 | 妻については、詳細不明 |
| | | | | | | | |
| S57自衛隊(市ケ谷32)を除隊 [redacted] | 無 | 普通 自二 | 写真 有 眼鏡 | 無 | 有 | 死亡 | 統一協会の軍事部隊 S63年 [redacted] と結婚 S58年 [redacted] |
| 妻 不明 | 無 | 普通 | 無 眼鏡 | 無 | 有 | 無 | S63年 [redacted] |

52人の秘匿情報が記された「統一協会重点対象一覧表」のトップに掲げられているのがM・A（姓・名。資料では実名。妻の実名も明記、いずれも故人）夫妻。統一教会ではよく知られた人物で、主に国際勝共連合の仕事に携わってきた。

私が入手した別の内部資料によれば、1941年生まれのM・Aは1963年に入信すると、1960年代に統一教会北海道地区長、北海道青年連合会原理研究会会長を歴任し、頭角を現す。1969年ころには、国際勝共連合全国組織部長、全国遊説隊長に就任。1971年に統一教会総務部長に着任し、1975年に1800組のカップルが祝福を受け

統一協会重

| 氏名<br>生年月日 | 本籍<br>住所（電話番号） | 活動<br>拠点 | 職業<br>勤務先（所在地 |
|---|---|---|---|
| [redacted] | [redacted]<br>同上 | 東京<br>（教会） | 東京都渋谷区神宮前6-<br>世一観光株式会社（<br>不明 |
| | | | |
| [redacted] | [redacted] | 死亡 | 一酸化炭素中毒死<br>会社員（経理事務手伝）<br>現在統一協会等宗教関 |
| | 妻とは、接触するも詳細不明 | | |

公安の内部資料「統一協会重点対象一覧表」（部分。黒塗りは著者による）

た韓国・ソウルで行なわれた国際合同結婚式に参加する。その後、国際勝共連合副理事長、事務総長として活動する。国際勝共連合では、「警察・公安」担当だった。また、教団系企業である世一観光の代表取締役にも就任している。

Ｍ・Ａの経歴を追っただけでも、宗教団体を名乗る統一教会と、その政治部門である国際勝共連合が一心同体の組織であることがわかるだろう。彼の経歴からは、統一教会が関連組織や系列企業との人事異動を日常的に行なっている事実が一目瞭然だ。霊感商法や献金の強要などの違法な活動が問題になるたびに、統一教会が繰り返してきた「信者が個人的にやったことで、教団は関係ない」などという主張が、まったく信じるに値しないものであることもわかる。

「統一協会重点対象一覧表」は、M・Aが夫妻で国際勝共連合の仕事を中心に活動してきたことにはまったく触れず、驚くべき文言を記録していた。

「勝共の非公然軍事部隊」――。

## 「統一協会の軍事部隊」

「統一協会重点対象一覧表」の3番目に記録されていたのは、1953年生まれのK・H。備考欄には、「統一協会の軍事部隊」「勤務先は、協会関係の企業ではない」と明記されている。4番目は1952年生まれのH・Iと1941年生まれの妻で、夫は1982年に市ヶ谷の陸上自衛隊を除隊。K・Hと同様に「統一協会の軍事部隊」とある。5番目に記録された1955年生まれのM・Kは早稲田大学で文化団体サークル委員長を務め、政経学部を卒業した人物で、国際勝共連合の安全保障担当。捜査資料には、「軍事部隊関連者」として「勝共の自衛隊工作の幹部横田某の部下で自衛隊員に対する勝共倫理浸透と情報の収集」を任務としていたと記されている。

「統一協会重点対象一覧表」にリストアップされた52人のうち15人を早稲田大学原理研究会の

出身者が占めていた。原理研出身者のうち4人が「軍事部隊関連者」、1人のみ記録がある女性はリストの1番目に登場する「Mの下で国会議員の渉外担当」とある。別の人物の備考欄にも、「軍事部隊のMの下で第一補佐」との記述がある。捜査資料のトップにM・Aの情報が記されたのは、「統一協会の軍事部隊」を統括しているとの情報を公安警察が入手していたからだろう。

資料にリストアップされた人物の中には、「自衛隊出身　入隊中統一協会と関係を持つ　自衛隊では要注意人物　銃申請者（韓国銃）」と記録された者もいれば、「陸上自衛隊」の現役隊員で姉は「鋭和銃砲店勤務」と記された者もいた。しかも、「要注意人物」がこの銃砲店から統一教会系の「鋭和銃」を購入した疑いもあると記録されている。

## 警察が最大の関心を寄せた信者の行方

警察当局は、「赤報隊」を名乗る男に襲撃された朝日新聞記者たちの取材や大規模な捜査によって犯人像を絞っていった。年齢は20歳から40歳、身長160センチから165センチの男性が犯人像だ。戦前回帰的な犯行声明の内容から、右翼や新右翼団体が真っ先に捜査線上に上がり、約6900人がリストアップされた。

一方で、ある捜査員は私にこう語った。

「右翼は犯行後に自分がやったことを誇る。周囲に喋《しゃべ》るんですよ。だから、右翼が起こした事件はどこかで情報が必ず洩れる。ところが、今回は何も洩れてこない。従来の右翼による犯行とは違う」

公安警察は統一教会信者、あるいは関係者が犯人である可能性も念頭に、「統一協会重点対象一覧表」を作成していた。捜査当局が最大の関心を寄せていた人物もまた、捜査資料に記載されていた。

それがリストの2番目に記録された1954年生まれのI・Hである。1982年に市ヶ谷の（陸上）自衛隊第32連隊を除隊すると、1955年に左翼革命勢力の一掃を目的に設立された右翼団体・防共挺身隊《ていしんたい》から分派した大日本誠流社に参加したと、資料には記されている。

I・Hは同団体の国防問題研究会議長を務めた。

大日本誠流社は、ミャンマーのカレン民族解放軍など外国勢力への支援も行なっており、I・H自身もケニアの反共義勇軍に参加していたことを捜査当局は確認している。帰国すると、1986年の参議院選挙全国区に同団体から32歳で立候補したが落選する。宗教遍歴は不明で、妻は捜査当時「統一協会等宗教関係なし」と記されている。

ところが、捜査当局はI・Hを「統一協会の軍事部隊」所属と認定していた。赤報隊事件を追っていた樋田毅は『記者襲撃 赤報隊事件30年目の真実』（岩波書店）でI・Hに取材寸前まで迫ったことを記している。

「一九八七年秋、私は大日本誠流社の楠本正弘会長を通じて取材を申し込んだが、『本人が朝日には協力したくないと言っている』として拒否された。楠本会長への取材を重ねるうち、『どの男が佐藤（編註・仮名。本書ではI・H）なのかぐらいは教えてやろう』と言われ、大日本誠流社の東京・新橋駅頭での街宣活動に立ち会った。『あいつが佐藤だよ』という楠本会長の指差しに従い、街宣車上でマイクを握る日焼けして屈強そうな男性を確認した。演説を終えて街宣車から降りてくる佐藤氏を呼び止め、取材への協力を求めたが、彼は一言も答えず、一目散に雑踏の中へ走り去った。

その後、佐藤氏は大日本誠流社から離れて消息を絶ち、僧籍を得て奈良県の山中の小さな寺に籠っていたが、一九九〇年一月二九日、暖を取っていた練炭火鉢による一酸化炭素中毒で死亡した」

享年36歳。樋田記者が取材を試みた直後から、東京都杉並区方南に暮らしていたI・Hは姿を隠していた。右翼構成員には活動に行き詰まって自ら生命を断つ者も少なくない。ただ、兵庫県警幹部の中には、I・Hが事件にかかわっていた可能性はあるとの見方があった。このI・Hの死は事故死扱いで、捜査当局は自殺と断定していない。

樋田記者は「統一協会重点対象一覧表」の5人目にリストアップされた1955年生まれで、早稲田大学政経学部出身のM・Kにも取材し、国際勝共連合に「秘密軍事部隊」が存在することを聞き出している。樋田はさらに著書『記者襲撃』に重大な取材成果を記していた。

樋田によれば、国際勝共連合の秘密軍事部隊は赤報隊事件の3年ほど前の時点で、銃の実射訓練を受けており、軍事指導は自衛隊習志野空挺団出身の幹部が担当したという。銃の訓練だけでなく、尾行や偵察、格闘の指導まで行なっていたというのだ。彼らは秘密軍事部隊として活動する時は、統一教会会員の籍を抹消し、昼間は一般人のように働き、夜間に4、5人のグループで行動していた。グループ内でも偽名を使用しており、お互いに本名を知らなかったという。

「統一協会重点対象一覧表」のリストのトップにM・Aが記載されたのは、当時、国際勝共連合副理事長の職にあり、同連合の「非公然軍事部隊」に優秀な信者を推薦し、報告を受ける立場にあったからだと考えられる。統一教会＝国際勝共連合は、30年前に秘かに軍事部隊まで設立して何を目論んでいたのか。当時の統一教会本部には「対策委員会」があった。教団信者たちには「対策」と呼ばれている。「反対派」への対策を目的とする組織で、国際勝共連合事務総長、教団の経済担当者、原理研究会会長など7人がメンバーだった。対応の実行部隊は国際勝共連合で、責任者が「統一協会重点対象一覧表」の最初にあるM・Aだ。その下で行動していたのが、M・Aの下で「第一補佐」だったM・Sである。ただし「副島事件後に脱会」とある。内部では「M機関」と呼ばれ、謀略を計画し、実行していたという。捜査資料にはないが、M・Aの上司は、世界日報事件を指揮した国際勝共連合の梶栗玄太郎理事長だった。

赤報隊事件の発生直後、統一教会の動向に妙な乱れが見受けられていた。

1986年7月の衆参同時選挙で、中曾根康弘首相率いる自民党が大勝を収めると、国際勝共連合の機関紙「思想新聞」や統一教会系の「世界日報」は紙面で「勝共推進議員」の存在を初めて公にする。その数は自民党を中心に130人（後に134人と発表）に達し、永田町の一大勢力となっていた。

1986年7月、勝共推進国会議員激励会が開催される。1988年2月には勝共推進議員新春懇談会、1989年3月には勝共推進議員の集い、さらに1990年3月にも勝共推進議員の集いと、定例行事のように勝共推進議員のためのイベントが矢継ぎ早に開かれていた。統一教会＝国際勝共連合は、１９８６年を画期として政治家との蜜月を続けていた。ところが、赤報隊事件の起きた１９８７年だけ、この種の会合が開催されていない。

その理由を捜査当局は、霊感商法が社会問題化し、激しい非難を浴びた教団はイベントを開くどころではなかったと見たようだ。

１９８７年５月３日に赤報隊事件が起きた。その27日後の５月30日に文鮮明教祖は韓国のソウル特別市広津区陵洞にあるリトルエンジェルス芸術会館（１２８０人を収容する大講堂や５００人、２００人を収容する小講堂などがあった。現・ユニバーサルアートセンター）で、信者たちに向かって驚くべき発言を行なっていた。ここでいう「数百億を飛ばしてしまった」とは、霊感商法批判の高まりで教団への収入が減ったことを意味しているのだろう。

「日本は、私たち韓国の怨讐（編註・「恨み」＝敵という意味）ですよね。私が命令するだけで彼ら（編註・信者たち）はどんなことでもやるというのです。（略）ひとこと命令を下せばどんなことでもできます。今回日本で大喧嘩が起こりました。共産党のいとこである社会党が国会で私たちの問題を持ち出してムーニー（編註・統一信者のこと）、勝共連合の追放運動をしたのです。2月から3月、4月、5月、4か月間やったのです。そのため数百億を飛ばしてしまったのです。（略）私が今回『おい、こいつら、私の言うとおりにしろ。これから攻撃だ』と言って朝日新聞と読売新聞を攻撃するように言いました。攻撃戦が起きるというのです。その時を（編註・私は）知っているのです。それでピッタリ」（『文鮮明先生マルスム選集』166巻）

文鮮明教祖のこの演説を当時の日本に当てはめれば、1987年2月から5月に弁護士たちの霊感商法批判の取り組みがはじまり、「朝日ジャーナル」が1986年12月5日号から1987年9月4日号まで10回のキャンペーンを張っていた。また読売新聞も報道していた。日本では警察当局も強い関心を持ったため霊感商法がもっともやりにくい時期だった。「数百億を飛ばした」というのも間違いではないだろう。国会では社会党、共産党が統一教会＝国際勝共連合や霊感商法を批判してきた。その時起きたのが赤報隊事件だった。文鮮明教祖が命令すれば信者が行動することは、反対するメディアや記者に嫌がらせや攻撃を繰り返してきたことからも否定できない事実である。赤報隊事件が起きた直後の文鮮明教祖の思わせぶりな発言は、いつものようなハッタリだったのか、何らかの根拠があったのか。いまでは闇の中である。

# 第8章　安倍晋三と統一教会

「聖地」下関

2023年4月11日、私は安倍晋三元首相の死去に伴う衆議院山口4区補欠選挙に、立憲民主党の公認を受けて立候補した。山口は保守王国として有名な土地だ。依頼があった時、「やろう」と誰にも相談せずに決めたのは、この地が憲政史上最長の政権を担った安倍元首相のお膝元であり、岸信介元首相、安倍晋太郎元外務大臣、そして安倍晋三元首相の「3代」が象徴するように、戦後日本の保守政治が選挙支援と引き換えに統一教会の影響を受けてきた事実を訴える意味があったからだ。保守の地盤で闘うのは無謀だという声もあった。だが、黙して闘わず――という選択肢はなかった。

山口4区にある下関は、統一教会にとっての「聖地」であり、そもそも安倍元首相と教団の接点もまたここからはじまっていた。1941年4月1日、朝鮮半島を関釜《かんぷ》連絡船で夜中2時に出発し、海を渡った21歳の文龍明が下関の地に降り立ったのは朝8時だ。後に統一教会を設立して教祖となる文鮮明を名乗る青年が、初めて日本の土を踏んだのだ。文は一路東京をめざす。早稲田高等工学校に留学するためだ。統一教会はこの日を記念し「日臨節」と名付けて毎年祝ってきた。信者の間で「下関＝聖地」という認識が広まったのは、日臨節の記念大会における講演（2021年3月28日）で、日本の教団を指導していた方相逸《バンサンイル》大陸会長が「山口の下関は聖地と同等の場所です」と祝辞を述べたからだ。

下関駅から歩いて8分ほどの場所に「ビル三桝」がある。統一教会が下関に教会を設立したのは1963年。日本に教団ができて4年後だ。福岡出身でミッション系大学生だった女性が寮に訪問してきた女性信者から伝道された。家族の反対を押し切って中退した女性は、門司と下関を担当、廃品回収などで活動費を捻出し、下関教会を設立したのだった。やがてこのビルの一部を借りて拠点とした。韓国から日本を訪れた幹部や信者たちは、この施設に布団を持ち込んで宿泊することが多かった。この下関教会から約150メートル、歩いて約2分のところに安倍晋太郎事務所があった。住所は下関市東大和町《ひがしやまとまち》1丁目だ。その後は安倍晋三事務所になり、2023年に安倍後継の補選で当選した吉田真次議員の事務所になる。

安倍晋太郎が衆議院選挙に旧山口1区から出馬し、初当選を果たしたのは1958年だ。下関教会の信者は「共産主義に勝利する」という国際勝共連合の強烈なイデオロギーをテコに安倍事務所を定期的に訪れた。安倍晋太郎事務所では山口県警出身の竹田力秘書が統一教会との窓口となっていた。安倍晋三は父が中曾根内閣の外務大臣に就任した1982年に、神戸製鋼所を辞めて秘書となる。安倍晋太郎は1991年5月15日に67歳で逝去。世襲であとを継いだ安倍晋三は1993年7月の衆議院選挙で旧山口1区から立候補、当選を果たす。安倍晋三後援会の青年部に農協で働いていた配川《はいかわ》博之がいた。配川は最初、私設秘書として安倍事務所に入り、やがて公設第一秘書になる。2020年に「桜を見る会」問題で政治資金規正法違反（不記載）で略式起訴され、秘書を辞任するまでずっと地元で活動、名刺には「筆頭秘書」と印刷されていた。安倍昭恵が引き上げたと地元では言われている。配川秘書は統一教会との関係を竹田から引き継いだ。

## 安倍元首相が教団と絶縁できなかった理由

安倍晋三は統一教会と距離を置いていた時期がある。1980年代半ばに続き1990年代に霊感商法が社会的に批判を浴びたからだ。2003年から2004年、安倍は自民党の幹事長を務めていた。党三役として問題の多い教団を警戒していたのだろう。

当時、私がレギュラーコメンテーターを務めていた「ザ・ワイド」（日本テレビ系）に安倍幹事長が出演したことがある。番組がCMに入ると、「統一教会が接近してくることはありませんか」と隣に座っていた安倍に聞いてみた。「しょっちゅうですよ。しつこいんです」。正直な人だと思った。さらに、「お会いになるんですか」と訊ねると、「会いませんよ」と笑いながら語気を強めた。番組が再開したので、それ以上は聞くことができなかった。だが、その後、安倍の姿勢は次第に変わっていく。

２００７年、体調悪化により第1次安倍政権がわずか1年で崩壊すると、世間からはもちろん、味方であるはずの保守層からも厳しい批判を浴びせられた。安倍元首相は深い挫折を味わうことになる。それだけでなく、続く福田康夫、麻生太郎内閣も短命に終わり、ついに２００９年には自民党は政権を失い、野党に転落してしまう。

深い挫折に傷付く安倍元首相の心の隙に付け込むように接近したのが、統一教会だった。人の心の弱みに付け込んで、霊感商法で法外な価格の壺や多宝塔などを買わせ、多額の献金を強要するのは、教団の基本的な手法である。

教団は複数のルートでアプローチを図った。

２０１０年に、統一教会系保守的シンクタンクの世界戦略総合研究所が開いたシンポジウムに招かれた安倍は、「保守再生」をテーマに講演を行なった。同研究所の責任者は、１９６９年に教団が日本で初めて開催した合同結婚式に参加した「12双」（12組の意）で、後に国際勝共連合の事務総長などの要職を歴任した最古参の教団幹部・阿部正寿だった。統一教会の古参信者は私にこう証言した。

「安倍晋三さんと教団を結びつけたのは阿部正寿さんですよ」

もうひとつのルートは、国際勝共連合だ。同連合会長や統一教会第12代会長を務めた梶栗玄太郎を父に持つ梶栗正義らが同年、衆議院議員会館の安倍事務所を訪れ、初めて出会う。梶栗正義は現在の国際勝共連合の会長、ＵＰＦ（天宙平和連合）ジャパンの議長だ。ＵＰＦは国会議員へのアプローチを主な仕事としていた。

安倍元首相に接近することは統一教会の文鮮明教祖の指令に基づくものだった。安倍晋三がまだ国会議員になっていない１９８９年、文教祖は日本の教団幹部に対して、①日本の国会議員との関係を強化すること、②信者を国会議員の秘書にすること、③自民党の安倍晋太郎派を中心にすることを命じていた。

安倍晋三は幹事長代理だった２００５年10月４日にＵＰＦ創設記念広島大会に祝電を送り、

官房長官時代の2006年5月13日にUPFが福岡で、さらに5月14日に広島で開いた集会にもそれぞれ祝電を送っている。祝電の手配はいずれも下関事務所で安倍晋太郎時代から勤めていたU・Nという女性が担当した。UPFジャパンの梶栗正義議長が配川秘書に祝電などを依頼する関係がこの時すでにできていたようだ。

2006年、戦後最年少の安倍晋三内閣が発足すると、その1週間後、文鮮明は韓国で信者に向けてこう語った。

「安倍が首相になったと聞いている。（略）秘書室長に会え」（「毎日新聞」2022年11月8日付）

文鮮明が中曾根康弘首相の退陣後、安倍晋太郎元外務大臣を首相に据えたいと考えていたのは、歴史的経緯を踏まえれば当然だった。「安倍先生を総理に」という文鮮明教祖の意向は多くの信者、元信者が証言している。教団が日本で地歩を固めるのを後押しした岸信介元首相の娘婿である晋太郎、さらにその息子である晋三は教団にとって特別な存在だったのだ。

韓国の統一教会本部にとって、日本の教団は重要な資金源だった。1980年代半ばには、日本で霊感商法が社会問題になり、マスコミや弁護士の厳しい追及に遭った。教団にすれば、こんなことは二度と繰り返してはならない。そのためには、有力な政治家と深い関係を築かなければならない。「秘書室長」と何としても会わなければいけない理由が、教団にはあった。

この教祖の発言をスクープした「毎日新聞」は、記事で「秘書室長」とは、2006年当時、自民党幹事長であった中川秀直ではないかと推測している。教祖の説教を聞いていた信者は、秘書室長には「2回会った」と明かし、「ナカガワと会ったことがある」とも証言した。だが、「ナカガワ」が中川幹事長かどうかはわからない。私はそう考えていない。なぜなら、文鮮明は「幹事長に会え」とは言っていないからだ。教祖が言った「秘書室長」とは秘書を指していると判断する。その根拠は、私が得ていた第2次安倍政権の官邸最高幹部の証言だ。

## 安倍元首相は、統一教会との関係の総元締めだった

安倍官邸の最高幹部によれば、自民党議員の秘書は、基本的に選挙区の地元企業、団体、さらに特定の宗教団体を担当するのが通例だという。特定の宗教団体のひとつが統一教会だ。一方、教団側も信者が定期的に安倍事務所の秘書と接点を持ち続けていた。父・晋太郎が急逝し、安倍晋三が国会議員に転身したことに伴い、秘書も代替わりしたが、当然、教団は秘書との接点を維持しようと試みた。

下関市の経済人で、現在は後身の育成のために「日海塾《にっかい》」を主宰する吉本日海会長がいる。かつて東京を中心に焼肉のスエヒログループなど、10社の企業を率いて年商800億円を上げ

たこの実業家は、安倍晋太郎、晋三の父子2代にわたって深い親交を結んでいた。その吉本会長が、安倍晋三に面と向かって、統一教会との関係に疑問を呈したことがある。

吉本会長は安倍晋太郎元外務大臣が自民党総裁選に打って出た時も、重要な役割を果たしていた。その関係を知っていた晋三は、進言を無下にはできない。吉本会長は「関係を考えたほうがいいと伝えたら、あからさまにイヤそうな顔をしていたね」と私に語っている。

こうした声を気にしたのだろうか。晋三の母・洋子も統一教会との関係を注意した。だが、自民党が下野し、失意の中にあった安倍元首相は、統一教会の接近を許してしまう。

2012年4月には、第2次安倍政権に向けて自民党総裁選への出馬を促すために、若者約300人が集まり、安倍とともに東京の高尾山を登るイベントが実現する。企画したのは統一教会信者の阿部正寿だ。

阿部は「報道1930」（BS－TBS、2022年12月28日放送）で、こう振り返った。

「私たちが若者たちを300人ぐらい集めてですね、『安倍先生、もう一度立ってください。私たちは応援しますよ』と。その時ね、安倍さんは『自分は日本国民に迷惑をかけたから、それはできないんだ』と言ったんだけど、いや、そんなことなくて、やっぱり安倍先生、あなたしかいないんですよね。（安倍さんは）自分を支えてくれる人がすごいいるんだったら、自分ももっとやっていいと思えて、もう一度ね、選挙（総裁選）出て、それで彼は立ったんだ」

安倍元首相の背中を押した約３００人の若者の大多数は、統一教会の信者だった。そして、総裁選に勝利した安倍晋三は、憲政史上最長となる第２次政権を率いることになる。

こうして統一教会への恩義に応えていくことになった安倍首相は、２０１３年の参議院選挙から教団票の差配までするようになる。教団との間に入ったのは、下関の安倍事務所の配川博之筆頭秘書だった。第２次政権の官邸最高幹部はこう証言する。

「安倍さんが（統一教会に）のめり込んで大変だったんですよ」

政権を維持するためには、選挙の勝利が最重要課題だ。そして、選挙の勝利は権力の源泉となる。創価学会だけではなく、企業をふくめ、票につながる組織とは協力関係を持つ。そのひとつが統一教会だった。官邸最高幹部が続ける。

「統一教会の仕切りは、完全に安倍さんと安倍事務所でした。教団幹部たちが自民党総裁室に来る時の日程管理も秘書がやっていた。総理は忙しい。日程が合わない時、のめり込みすぎて危ないと判断した時には、菅（義偉）官房長官が対応したのです」

さらに山口県出身で「産経新聞」政治部長だった北村経夫《つねお》が最初に参議院比例区から立候補した時のことを、同幹部はこう振り返った。

「安倍さんが同郷だから統一教会票を割り振った。その票がなくても大丈夫だったんですが、えらく気にした。北村候補の福岡の選挙事務所には東京から女性信者が派遣されました。福岡事務所の責任者が上京した時、総理の日程が合わなかったので菅官房長官が対応したこともあります」

統一教会との接点は安倍晋三首相時代に深まったのだ。憲政史上最長の政権を率いた安倍は、権力維持のために教団と深くかかわりすぎた。結果的にそのただならぬ関係が、銃撃事件の動機になってしまった。忘れてならないのは、統一教会が一国の首相、それも複数人と特別な関係を築いてきた事実だ。統一教会からの接近だとはいえ、日本政治史における汚点だ。韓国で生まれた統一教会が日本の政権中枢になぜ浸透できたのか。安倍晋三元首相にもはや聞く術はない。しかし統一教会と自民党の関係について、解明が必要な課題はいまだ多い。

# あとがき

２０２２年10月27日に統一教会から私が名誉毀損で訴えられた裁判は、２０２４年３月12日に教団の訴えが棄却され、勝訴した。午後３時30分から東京地裁１０３号法廷で行われた判決公判は、荒谷謙介裁判長が「原告の請求をいずれも棄却する」と言い渡し、あっさりと決着がついた。そのあと判決の要旨が短く読み上げられた。そもそも私の発言が名誉毀損にあたるかどうかの判断をするまでもない。裁判官はそう判断した。門前払いの判決だ。私の統一教会批判を口封じをすることを目的とするスラップ訴訟だったことが判決で明らかになった。弁護団はそう解釈した。２０２２年７月８日に安倍晋三元首相が銃撃を受けたことをきっかけに統一教会と政治の関係が社会問題として浮上した。私もテレビへの出演で教団を批判してきた。２０２２年８月19日朝に放送された「スッキリ」（日本テレビ系）は、萩生田《はぎうだ》光一自民党政調会長（当時）が教団との関係を断たなければならないとするテーマで、映像（ＶＴＲ）とスタジオでの議論が40分ほどあった。私はこう語った。「（統一教会は）霊感商法をやってきた反社会的集団だってのは警察庁ももう認めている」。教団はこの発言が名誉毀損だとして私を訴えた。その翌日からいままで私のテレビへの出演は一切なくなった。訴えることで目的を達したのだ。第1回口頭弁論は2023年5月16日。私は十数分にわたり意見陳述を行なった。裁判官が「大事な内容ですからよく聞くように」と傍聴人に語ったことは異例だった。

「1971年の春。19歳の私は京都河原町にあった駸々堂《しんしんどう》書店の前を通りがかったとき、ひとりの女性から声をかけられました。世界について話がしたいというのです。そのときは用事があったので、日を変えて喫茶店で話をする約束をしました。数日後にビッフェという喫茶店で午後7時から11時の閉店まで話をしました。その女性は『第3次世界大戦はすでにはじまっている』と何度も語って会話は平行線。最後に『あなたとは考えが違うことがわかった』と言いました。世界観は違うけれど、真面目で清楚な女性だなと思いました。私の統一教会との最初の出会いです。

それから7年。出版社で働いていた私は出張で京都にいました。ちょうど京都府知事選挙の最終日でした。蜷川虎三さんの民主府政7期28年が終わり、京都大学の杉村敏正さんが後継候補として立候補。私は最終演説を聞こうと四条河原町に行くと、そこには『思想新聞』のゼッケンを付けた多くの男女が血走った表情でチラシを配っていました。杉村陣営は演説ができないので、三条河原町に移動しました。私がそこにいると、遠くからだんだんと怒号が聞こえてきました。信者たちが物理的に突撃してきたのです。それが私と統一教会との2度目の出会いでした。そこに7年前に出会った女性信者はいなかったでしょう。しかし私のなかで大きな疑問が生まれました。統一教会の信者になって『勝共』の理念を信じると、なぜ暴力的な行動を取ることができるんだろうか。私が統一教会に強い関心を持ち、関連書籍を読むようになったきっかけでした」

意見陳述では、「朝日ジャーナル」「週刊文春」で霊感商法や統一教会を取材、報道するようになったこと、オウム真理教事件をきっかけに警察庁、警視庁幹部たちから、統一教会捜査の目的などを聞いたことなどを、国会での質疑なども交えて具体的に語った。そして最後にこう締めくくった。

「統一教会は私の発言を名誉毀損としました。『霊感商法の統一教会』とは、日本社会ですでに40年以上も前から広く知られている事実です。警察庁による監視もまた事実です。いまさら私の小さな発言で教団の名誉がさらに低下するというのでしょうか。ましてや私が統一教会から訴えられたのは自民党幹部は教団との関係を断つべきだとの長い発言の文脈から離れた短い意見についてでした。それから私のテレビでの仕事は一切なくなりました。メディアも様変わりで、統一教会の狙い通りです。教団や信者弁護士はさぞかしうれしかったことでしょう。私は統一教会に訴えられたことを誇りに思っています。教団は根源的な批判的言論から一時的に逃げることができたとしても、事実と真実を隠すことはできません。私はこの裁判を通じて、統一教会組織の反社会性を徹底的に明らかにしていきます」

この意見陳述の核心部分である「統一教会の反社会性」を詳細に説明したのが本書である。2022年7月8日の安倍晋三元首相銃撃事件をきっかけに統一教会と自民党との関係が浮上し、霊感商法や高額献金、2世信者の苦悩などがおびただしく報じられた。それぞれが重要な課題だったが、教団の構造的な問題点を追及する報道には深まっていかなかった。なぜか。それはメディアも国会議員も統一教会の全体像を「文鮮明機関」（フレイザー委員会報告書）として認識し、宗教、政治、多国籍企業、準軍事組織の側面を事実に基づいて分析する作業に至っていないからである。

安倍晋三元首相銃撃事件から2年。メディアの報道も単発的なものになりつつある。オウム真理教が地下鉄サリン事件を起こした時には、テレビでは朝から夜まで報道が続いた。やがて裁判がはじまり、徐々にオウム報道は沈静化していった。そして統一教会報道も「30年の空白」を超えて、オウム報道ほどの広がりと深まりを見せないまま、新たな「空白」期間に入りつつある。これから山上徹也の裁判がある。統一教会への解散命令もあると私は判断する。宗教法人は、献金に対して課税されない。所有した土地や建物を売却しても、宗教施設として長い期間使っていれば課税されない。収益事業を行なっても、一般の法人より税率は低い。教団が解散すれば、こうした優遇はなくなる。

しかし教団が解散しても、任意団体としての活動は続く。解散させられるのは「宗教弾圧」だと内部では強調しているから、被害者意識で組織はまとまる。解散命令請求が出された段階で統一教会幹部は「天の精鋭部隊」になると結束を図っているから、違法な布教や信者への高額献金要求は続くだろう。引き続き監視を怠ってはならない。報道はいずれ沈静化する。瞬く間に消えていくテレビ報道ではなく、書籍（活字）として歴史に記録することには意味がある。

この仕事は優れた編集者にしてライターの斎藤武宏《さいとうたけひろ》さんの協力なくして完成に至らなかった。さらに徹底した「読み」をしてくれた校閲者、担当編集者、そして印刷、製本、流通関係者にもここに記してお礼を申し上げる。

２０２４年３月20日　地下鉄サリン事件から29年の日に

有田芳生

# 主要参考文献

茶本繁正『原理運動の研究』(ちくま文庫、2023年)
茶本繁正編『原理運動の研究　資料篇Ⅰ・Ⅱ』(晩聲社、1987年、増補合本版)
浅見定雄『統一協会＝原理運動　その見極めかたと対策』(日本基督教団出版局、1987年)
成澤宗男『統一協会の策謀　文鮮明と勝共連合』(八月書館、1990年)
荒井荒雄『日本の狂気　勝共連合と原理運動』(青村出版社、1971年)
朝日ジャーナル編『追及ルポ　原理運動』(朝日新聞社、1985年)
朝日ジャーナル編『追及ルポ　霊感商法』(朝日新聞社、1987年)
朴正華『六マリアの悲劇　真のサタンは、文鮮明だ!!』(恒友出版、1993年)
樋田毅『記者襲撃　赤報隊事件30年目の真実』(岩波書店、2018年)
石橋文登『安倍晋三秘録　「一強」は続く』(飛鳥新社、2020年)
ナタリ・リュカ著・伊達聖伸訳『セクトの宗教社会学』(白水社、2014年)
スコット・アンダーソン、ジョン・リー・アンダーソン著・山川暁夫監修・近藤和子訳『インサイド・ザ・リーグ　世界をおおうテロ・ネットワーク』(社会思想社、1987年)
有田芳生『霊感商法の見分け方』(晩聲社、1988年)
有田芳生『原理運動と若者たち』(教育史料出版会、1990年)
有田芳生『「神の国」の崩壊　統一教会報道全記録』(教育史料出版会、1997年)

有田芳生『改訂新版　統一教会とは何か』（大月書店、２０２２年）
小林よしのり・有田芳生『統一協会問題の闇　国家を蝕んでいたカルトの正体』（扶桑社新書、２０２３年）
「エクレシア会報」40号（１９８４年2月16日）、44号（１９８４年6月15日）
世界平和統一家庭連合翻訳・編『原理講論（重要度三色分け）』（光言社、１９９６年初版、２０２０年第5版）
歴史編纂委員会編『日本統一運動史　文鮮明先生御夫妻と日本の統一教会および統一運動の歩み』（光言社、２０００年）
文鮮明・韓国歴史編纂委員会編著『真の御父母様の生涯路程6　第三次七年路程』（光言社、２０００年）
久保木修己『愛天 愛国 愛人　母性国家 日本のゆくえ』（世界日報社、１９９６年）
神山威監修『南北統一と世界平和の道　現代のヤコブとエサウの出会い』（光言社、１９９３年）
「令和4年7月8日に奈良市内において実施された安倍晋三元内閣総理大臣に係る警護についての検証及び警護の見直しに関する報告書」（警察庁、２０２２年8月）
「スクープ！　公安の極秘資料入手　現職国会議員１２８人の『勝共連合・統一教会』関係度リスト」（時任兼作・本誌取材班、「週刊現代」１９９９年2月27日号）
「私が目撃した統一教会・文鮮明教祖の『ＳＥＸリレー』のすべて」（「週刊現代」１９９３年11月13日号）
「旧統一教会、教祖発言録（その1）中曽根氏も工作標的 日本首相１３３０回言及、最多６９３回」（「毎

日新聞」デジタル版、２０２３年1月31日付　https://mainichi.jp/articles/20230131/ddm/001/040/112000c）

「旧統一教会教祖『中曽根の野郎』安倍晋太郎氏担ぐ思惑裏切られ」（「毎日新聞」デジタル版、２０２３年1月30日付　https://mainichi.jp/articles/20230129/k00/00m/010/180000c）

「『我々は世界を支配できると思った』米・統一教会の元幹部が語った〝選挙協力〟と〝高額報酬〟の実態」（「報道特集」ＴＢＳテレビ、２０２２年7月30日）

「これが『統一教会』の秘部だ　世界日報事件で〝追放〟された側の告発」（副島嘉和・井上博明、「文藝春秋」１９８４年7月号）

「『田舎のセックス教団』と見られていた旧統一教会の野望を40年前に見抜いていた、米『フレイザー報告書』の慧眼」（小西克哉、集英社オンライン、２０２２年10月26日　https://shueisha.online/culture/67165）

「税逃れ、メディア戦略、ビジネス展開…旧統一教会がアメリカで行ってきた巧妙な政治工作」（小西克哉、集英社オンライン、２０２２年10月26日　https://shueisha.online/culture/67232）

「フランス『40年前の統一教会事件』が社会を変えた　日本とは大違い『カルト規制』の厳しい中身」（レジス・アルノー、東洋経済ＯＮＬＩＮＥ　https://toyokeizai.net/articles/-/616241）

Robert B. Boettcher, Gordon L. Freedman, *Gifts of deceit: Sun Myung Moon Tongsun Park and the Korean scandal* (Holt, Rinehart and Winston, 1980)

「『ウコンの力』『ｉ・ＭＵＳＥ』製造で稼ぐ統一教会系企業」（「週刊文春」２０２２年9月8日号）

「『統一教会』が米国に寿司を広めた知られざる経緯 日本人信者たちがいかに寿司企業を拡大したか」（東洋経済ONLINE、2022年7月20日 https://toyokeizai.net/articles/-/604521）

「『安倍元総理暗殺』激震収まらず〈文鮮明は誠実で貴重な存在〉機密文書発掘！『岸信介』が米大統領に送った『統一教会首領』釈放嘆願の親書」（「週刊新潮」2022年7月28日号）

「旧統一教会と自民の密接な関係 岸信介氏から始まった3代の因縁」（「毎日新聞」デジタル版、2022年9月15日付 https://mainichi.jp/articles/20220914/k00/00m/010/145000c）

「【独自】旧統一教会の元信者の衝撃告白 私が見た『山上容疑者』と母親の『法外な献金』」（AERA dot.、2022年7月16日 https://dot.asahi.com/articles/-/15214）

「脱北者がひもとく、統一教会による北朝鮮支援の30年史 北朝鮮での布教を目指した文鮮明と、北朝鮮に流れ込んだ信者の寄付」（郭文完、「JBPress」2022年8月27日 https://jbpress.ismedia.jp/articles/-/71560）

「教団側、自民議員に『政策協定』 国政選挙前、署名求める 数十人規模か、応じた議員も」（「朝日新聞」デジタル版、2022年10月20日付 https://www.asahi.com/articles/DA3S15450259.html?iref=pc_shimenDigest_top01）

「統一教会と自民党の『本当の関係』 教祖が残した全20万ページの発言録、読み解いて分かった半世紀を超える歴史『安倍3代』が手を出した『禁断の果実』」（47NEWS、2023年7月9日 https://www.47news.jp/9564396.html）

「旧統一教会 安倍氏側近と『会え』 文鮮明氏、06年に指示 首相就任直後」（「毎日新聞」デジタル版、

２０２２年11月８日付　https://mainichi.jp/articles/20221108/ddm/001/040/106000c）
「日本における統一教会の活動とその問題点　活字メディアで報道された批判を中心に」（藤田庄市、https://www.rirc.or.jp/20th/Rirc20th_inbound8_Fujita.pdf）
「統一教会　早大原理研と『過ち』の原点」（樋田毅、日刊ゲンダイＤＩＧＩＴＡＬ　https://www.nikkan-gendai.com/articles/columns/4431）

ＵＲＬの最終閲覧日：２０２４年３月20日

**有田芳生**（ありた よしふ）

一九五二年、京都府生まれ。ジャーナリスト、前参議院議員。出版社を経てフリーとなり、主に週刊誌を舞台に統一教会、オウム真理教事件等の報道にたずさわる。日本テレビ系「ザ・ワイド」等にもコメンテーターとして出演。政治家としては北朝鮮拉致問題、差別、ヘイトスピーチ問題等に尽力。著書に『北朝鮮 拉致問題 極秘文書から見える真実』(集英社新書)、『改訂新版 統一教会とは何か』(大月書店) 他多数。共著に『統一協会問題の闇 国家を蝕んでいたカルトの正体』(小林よしのりとの共著、扶桑社新書) 等がある。


# 誰《だれ》も書《か》かなかった統《とう》一《いっ》教《きょう》会《かい》

集英社新書一二一四A

二〇二四年五月二二日 第一刷発行

著者……有田芳生《ありたよしふ》

発行者……樋口尚也

発行所……株式会社集英社

東京都千代田区一ツ橋二-五-一〇 郵便番号一〇一-八〇五〇

電話 〇三-三二三〇-六三九一(編集部)
〇三-三二三〇-六〇八〇(読者係)
〇三-三二三〇-六三九三(販売部)書店専用

装幀……原 研哉

印刷所……TOPPAN株式会社

製本所……加藤製本株式会社

定価はカバーに表示してあります。





ISBN 978-4-08-721314-0 C0231




a pilot of wisdom

a pilot of wisdom

- 未来への大分岐　マルクス・ガブリエル／マイケル・ハート／ポール・メイソン／斎藤幸平・編
- 「国連式」世界で戦う仕事術　滝澤三郎
- 国家と記録　政府はなぜ公文書を隠すのか？　瀬畑 源
- 水道、再び公営化！　欧州・水の闘いから日本が学ぶこと　岸本聡子
- 改訂版　著作権とは何か　文化と創造のゆくえ　福井健策
- 朝鮮半島と日本の未来　姜 尚中
- 人新世の「資本論」　斎藤幸平
- 国対委員長　辻元清美
- アフリカ　人類の未来を握る大陸　別府正一郎
- 〈全条項分析〉日米地位協定の真実　松竹伸幸
- 日本再生のための「プランB」　兪 炳匡
- 新世界秩序と日本の未来　内田 樹／姜 尚中
- 世界大麻経済戦争　矢部 武
- 中国共産党帝国とウイグル　橋爪大三郎／中田 考
- 安倍晋三と菅直人　尾中香尚里
- ジャーナリズムの役割は空気を壊すこと　森 達也／望月衣塑子
- 代表制民主主義はなぜ失敗したのか　藤井達夫

---

- 会社ではネガティブな人を活かしなさい　友原章典
- 自衛隊海外派遣　隠された「戦地」の現実　布施祐仁
- 北朝鮮　拉致問題　極秘文書から見える真実　有田芳生
- アフガニスタンの教訓　挑戦される国際秩序　山本忠通／内藤正典
- 原発再稼働　葬られた過酷事故の教訓　日野行介
- 北朝鮮とイラン　福原裕二／吉村慎太郎
- 歴史から学ぶ　相続の考え方　神山敏夫
- 非戦の安全保障論　柳澤協二／伊勢﨑賢治／加藤 朗／林 吉永
- 西山太吉　最後の告白　西山太吉／佐高 信
- 日本酒外交　酒サムライ外交官、世界を行く　門司健次郎
- 日本の電機産業はなぜ凋落したのか　桂 幹
- ウクライナ侵攻とグローバル・サウス　別府正一郎
- 日本が滅びる前に　明石モデルがひらく国家の未来　泉 房穂
- イスラエル軍元兵士が語る非戦論　ダニー・ネフセタイ
- 戦争はどうすれば終わるか？　柳澤協二／伊勢﨑賢治／加藤 朗／林 吉永
- 全身ジャーナリスト　田原総一朗
- 自壊する欧米　ガザ危機が問うダブルスタンダード　内藤正典／三牧聖子

集英社新書 好評既刊

## 社会——B

京大的アホがなぜ必要か　酒井 敏
天井のない監獄 ガザの声を聴け！　清田明宏
限界のタワーマンション　榊 淳司
日本人は「やめる練習」がたりてない　野本響子
俺たちはどう生きるか　大竹まこと
「他者」の起源 ノーベル賞作家のハーバード連続講演録　トニ・モリスン
言い訳 関東芸人はなぜM-1で勝てないのか　ナイツ 塙 宣之
自己検証・危険地報道　安田純平ほか
都市は文化《アート》でよみがえる　大林剛郎
「言葉」が暴走する時代の処世術　太田 光／山極寿一
性風俗シングルマザー　坂爪真吾
美意識の値段　山口 桂
ストライキ2.0 ブラック企業と闘う武器　今野晴貴
香港デモ戦記　小川善照
ことばの危機 大学入試改革・教育政策を問う　東京大学文学部広報委員会・編
国家と移民 外国人労働者と日本の未来　鳥井一平
LGBTとハラスメント　神谷悠一／松岡宗嗣
変われ！ 東京 自由で、ゆるくて、閉じない都市　隈 研吾／清野由美
東京裏返し 社会学的街歩きガイド　吉見俊哉
人に寄り添う防災　片田敏孝
プロパガンダ戦争 分断される世界とメディア　内藤正典
イミダス 現代の視点2021　イミダス編集部・編
中国法「依法治国」の公法と私法　小口彦太
福島が沈黙した日 原発事故と甲状腺被ばく　榊原崇仁
女性差別はどう作られてきたか　中村敏子
原子力の精神史――〈核〉と日本の現在地　山本昭宏
ヘイトスピーチと対抗報道　角南圭祐
世界の凋落を見つめて クロニクル2011-2020　四方田犬彦
「自由」の危機――息苦しさの正体　藤原辰史／内田 樹ほか
「非モテ」からはじめる男性学　西井 開
妊娠・出産をめぐるスピリチュアリティ　橋迫瑞穂
マジョリティ男性にとってまっとうさとは何か　杉田俊介
書物と貨幣の五千年史　永田 希

a pilot of wisdom

インド残酷物語　世界一たくましい民　池亀　彩
シンプル思考　里崎智也
韓国カルチャー　隣人の素顔と現在　伊東順子
「それから」の大阪　スズキナオ
ドンキにはなぜペンギンがいるのか　谷頭和希
何が記者を殺すのか　大阪発ドキュメンタリーの現場から　斉加尚代
フィンランド　幸せのメソッド　堀内都喜子
私たちが声を上げるとき　アメリカを変えた10の問い　和泉真澄　坂下史子ほか
「黒い雨」訴訟　小山美砂
差別は思いやりでは解決しない　神谷悠一
ファスト教養　10分で答えが欲しい人たち　レジー
非科学主義信仰　揺れるアメリカ社会の現場から　及川　順
おどろきのウクライナ　橋爪大三郎　大澤真幸
対論　1968　笠井　潔　絓　秀実
武器としての国際人権　藤田早苗
小山田圭吾の「いじめ」はいかにつくられたか　片岡大右
クラシックカー屋一代記　涌井清春　金子浩久構成

カオスなSDGs　グルっと回せばうんこ色　酒井　敏
「イクメン」を疑え！　関口洋平
差別の教室　藤原章生
ハマのドン　横浜カジノ阻止をめぐる闘いの記録　松原文枝
なぜ豊岡は世界に注目されるのか　中貝宗治
続・韓国カルチャー　描かれた「歴史」と社会の変化　伊東順子
トランスジェンダー入門　周司あきら　高井ゆと里
スポーツの価値　山口　香
「おひとりさまの老後」が危ない！　介護の転換期に立ち向かう　上野千鶴子　髙口光子
男性の性暴力被害　宮﨑浩一　西岡真由美
推す力　人生をかけたアイドル論　中森明夫
正義はどこへ行くのか　映画・アニメで読み解く「ヒーロー」　河野真太郎
さらば東大　越境する知識人の半世紀　吉見俊哉
「断熱が日本を救う」　健康、経済、省エネの切り札　高橋真樹
鈴木邦男の愛国問答　鈴木邦男　白井　聡解説
文章は「形」から読む　阿部公彦
なぜ働いていると本が読めなくなるのか　三宅香帆

a pilot of wisdom

# 集英社新書 好評既刊

## 戦争はどうすれば終わるか？ ウクライナ、ガザと非戦の安全保障論
柳澤協二／伊勢﨑賢治／加藤 朗／林 吉永
自衛隊を活かす会 編 1204-A
軍事と紛争調停のリアルを知る専門家らが、「非戦」の理念に基づいた日本安全保障のあるべき姿勢を提示。

## 文章は「形」から読む ことばの魔術と出会うために
阿部公彦 1205-B
「文学作品を実用文書のように、実用文書を文学作品のように」読むことができる画期的な日本語読本。

## 「笑っていいとも！」とその時代
太田省一 1206-H
最終回から一〇年の節目に、国民的テレビ番組の軌跡から戦後の日本社会やテレビの可能性を明らかにする。

## 私たちの近現代史 女性とマイノリティの100年
村山由佳／朴慶南 1207-D
関東大震災時の朝鮮人虐殺から戦争、差別まで、女性作家二人が自らの経験も交えて日本の一〇〇年を語る。

## カレー移民の謎 日本を制覇する「インネパ」
室橋裕和 1208-N 〈ノンフィクション〉
インドカレー店が明かす日本社会と外国人の関係とは？ 美味しさの中の真実に迫るノンフィクション。

## デンマーク流ティーンの育て方
イーベン・ディシング・サンダール 鹿田昌美・訳 1209-E
「世界一幸せな国」の親たちは悩みの多いティーンエイジャーをどう育てているのか？ 一〇の心得を紹介。

## 全身ジャーナリスト
田原総一朗 1210-A
激動の半生と共に政治事件の真相や重要人物の素顔、社会問題の裏側、マスコミの課題を語り下ろした〝遺言〟。

## 自壊する欧米 ガザ危機が問うダブルスタンダード
内藤正典／三牧聖子 1211-A
「自由・平等・博愛」を謳う一方でガザの大量虐殺を黙認する欧米。世界秩序の行方を専門家が議論する。

## なぜ働いていると本が読めなくなるのか
三宅香帆 1212-B
労働と読書の歴史をひもとくと、仕事と趣味が両立できない原因が明らかになる。本好きに向けた渾身の作。

## 永遠なる「傷だらけの天使」
山本俊輔／佐藤洋笑 1213-F
萩原健一と水谷豊の名コンビが躍動した名作ドラマの関係者らを新たに取材し、改めてその価値を問う。